Johanna Thiel

Boxer
richtig pflegen und verstehen

Experten-Rat
für Erziehung, Pflege
und Ernährung

Farbfotos:
Christine Steimer

Zeichnungen:
Renate Holzner

GU GRÄFE
UND
UNZER

Inhalt

*Vorhergehende
Doppelseite:
Gespannt wartet
dieser Boxer, was
gleich geschehen
wird; zum Aufsprin-
gen ist er jedenfalls
schon bereit.*

*Als Wächter ist der Boxer
ganz in seinem Element.*

Vorwort

Kaum ein anderer Hund kann seine Stirn so unnachahmlich in Falten legen wie der Boxer, kaum ein anderer schaut dabei so gutmütig in die Welt wie er. Und tatsächlich ist der Boxer ein anhänglicher Hund mit viel Familiensinn und ausgeprägtem Spieltrieb.

In diesem neuen GU Tier-Ratgeber stellt Johanna Thiel, die seit vielen Jahren Boxer züchtet und mit ihnen lebt, den kraftstrotzenden Familienhund ausführlich vor und leitet praxisnah zu seiner artgerechten Haltung an. Sie beschreibt die Entstehung der Rasse und erläutert detailliert den Rassestandard des Boxers. Leicht verständlich informiert sie darüber, was bei seiner Anschaffung und Eingewöhnung zu beachten ist. Bevor sie Maßnahmen zur artgerechten Erziehung und Möglichkeiten der Ausbildung behandelt, geht sie einfühlsam auf die typischen Verhaltensweisen des Boxers ein. Die Autorin gibt praxisnahe Ratschläge zur richtigen Pflege, gesunden Ernährung und erfolgreichen Gesundheitsvorsorge bei Boxern. Auch das notwendige Wissen für Zucht und Ausstellung stellt sie kurz vor.

Die anschaulichen Zeichnungen auf den informativen PRAXIS-Seiten stammen von Renate Holzner und zeigen alle wichtigen Handgriffe. Die faszinierenden Fotos, exklusiv fotografiert von Christine Steimer, vermitteln ein eindrucksvolles Bild des Boxers.

Viel Freude mit Ihrem Boxer wünschen Ihnen die Autorin und die GU Naturbuch-Redaktion.

*Bitte beachten Sie
die »Wichtigen
Hinweise« auf
Seite 63.*

Typisch Boxer

Wesensmerkmale

»Wenn es ihn nicht gäbe, dann müßte man ihn erfinden!« Zu dieser Schlußfolgerung würden sicherlich viele Boxerbesitzer kommen, wenn sie die Vorzüge ihres Hundes aufgezählt haben. Doch wie soll ein »Neueinsteiger in Sachen Hund« erkennen, ob der Boxer für ihn der richtige Hund ist? Es gibt einen Mehrzeiler, der das Wesen des Boxers sehr treffend beschreibt und nahezu allen Boxerbesitzern bekannt ist. Mit ihm pflegen sie häufig zu begründen, weshalb sie sich einen Boxer angeschafft haben. Die gereimte Antwort lautet:
»Weil er kurzhaarig und glatt, nicht zu groß noch zu klein ist,
weil er körperlich derb, charakterlich fein ist,
weil er intelligent und originell ist,
weil er folgsam, kein Freund von Gezänk und Gebell ist,
auch kein Spielzeug der Halbwelt, kein modischer Putz ist,
sondern immer ein achtungsgebietender Schutz ist,
weil er unbestechlich, voll Kraft und voll Mut ist,
aber trotzdem zu Kindern behutsam und gut ist,
weil er dankbar und treu bis zur letzten Stund ist
... genügt das als Antwort, warum er mein Hund ist?«
Bei aller Poesie sagen diese Zeilen sehr viel über den typischen Boxercharakter aus. Denn in der Tat: Wer sonst kann die Stirn so in Falten legen? Wer kann einen so treu anblicken, daß man ihm einfach nicht böse sein kann? Vielfach werden Boxer als die Philosophen unter den Hunden bezeichnet. Dies mag da-

Auf unnachahmliche Art können Boxer ihre Stirn in Falten legen.

her rühren, daß sie manchmal etwas verträumt und abwesend wirken. Dabei können sie im nächsten Augenblick hellwach sein und bereit, die Familie vor allem zu beschützen.

Das Wesen (der Charakter) eines Hundes setzt sich zusammen aus Trieben und Anlagen, mit all den Abänderungen, die die Umwelteinflüsse verursacht haben. Typisch für den Charakter des Boxers und mit Sicherheit dessen hervorstechendstes Merkmal ist das Nebeneinander sehr unterschiedlicher Bündel von Wesenseigenschaften, die aber zueinander in einem vollkommen harmonischen Verhältnis stehen: Auf der einen Seite zeigt der Boxer Nervenstärke und unerschrockenen Mut. Dabei ist er selbstbewußt und besitzt ebensoviel Temperament wie Energie. Seine Wachsamkeit ist von alters her berühmt. Auf der anderen Seite zeichnet ihn zugleich aber eine ausgeprägte Anhänglichkeit und Treue gegenüber seinen Bezugspersonen und allen anderen Mitgliedern der Familie aus. Zu seinen besonderen Merkmalen zählt außerdem sein Spieltrieb, der bis ins hohe Alter anhält. Hinzu kommt seine Liebe zu den Kindern und seine Unbestechlichkeit gegenüber Fremden. Alle diese Eigenschaften machen ihn zu dem Hund, der trotz seiner Größe problemlos zu halten ist und ideal in eine Familie paßt. Zeigt ein Boxer gegenteilige Eigenschaften, sind dies Fehler dieses Tieres, die ihm als Wesensschwäche ausgelegt werden müssen.

Durch seine ausgesprochene Lebhaftigkeit und seinen Bewegungsdrang verlangt der Boxer viel Zuwendung und Einsatz von seinem Besitzer.

Im Boxer gehen sehr unterschiedliche Wesenseigenschaften ein harmonisches Verhältnis ein: anhänglich, aber zugleich nervenstark, ist er als Spielkamerad gutmütig, als Wächter und Beschützer jedoch streng.

Ein Boxer mit gestromtem Fell und weißem Abzeichen auf Brust und Maske.

Entstehung der Rasse

Die Boxer haben eine lange Geschichte, die bis ins Altertum zurückreicht. Alexander der Große brachte von seinem Feldzug nach Indien mächtige doggenartige Hunde mit, deren besonderes Kennzeichen ihr breites Maul war. Die anderen Hunde des Altertums waren demgegenüber spitzmäulig. Die von Alexander eingeführten Hunde bildeten wahrscheinlich die Ausgangsbasis für die Zucht der Molosser. Diese Rasse hieß so, weil sie aus der griechischen Provinz stammte, in der das molossische Königshaus regierte. Später wurden Hunde dieser Herkunft auch an die Römer weitergegeben. Sie galten solange als unbesiegbar, bis die »britannischen Doggen« auftauchten. Sie hatten ein noch breiteres Maul und waren außerdem stärker als die Molosser. Deshalb verdrängten sie diese nach und nach auch. Denn fortan kreuzte man beide Rassen miteinander, nannte die Nachkommmenschaft aber nach wie vor Molosser. Sie bilden die eine Linie der Vorfahren unserer heutigen Boxer. Die zweite repräsentieren die Mastiffs, die aus den britannischen Doggen gezüchtet wurden. Je nach ihrer Verwendung wechselten Aussehen, Größe und Körpergewicht.

Die dritte Linie entwickelte sich bei den Kelten und germanischen Stämmen. Auch sie züchteten große Hunde, die besonderers schwer und kräftig waren. Neben der Verteidigung von Hab und Gut dienten sie zur Jagd auf Bären und Wildschweine. Deshalb hießen sie auch »Sau- und Bärenbeißer«. Mit der Zeit entwickelten sich aus ihnen verschiedene Typen. In Mitteleuropa entstanden der »Große oder Danziger Bullenbeißer« und der »Kleine oder Brabanter Bullenbeißer«. Der »Danziger Bullenbeißer« wurde hauptsächlich im Norden Deutschlands und in Polen zur Jagd von Großwild eingesetzt. In den waldreichen Gebieten am nördlichen Rand der Alpen kam dagegen eher der »Brabanter Bullenbeißer« zum Einsatz. Denn durch seine geringere Größe war er wendiger und daher besser für die Jagd von Wildschweinen geeignet. Dieser kleine Bullenbeißer gilt als der unmittelbare Vorfahre unserer Boxer.

Die direkten Vorfahren

Die damalige Zucht der Bullenbeißer lag meistens in den Händen von Jägern, die ihren Dienst ausschließlich in Herrscherhäusern versahen. Aufgabe der Bullenbeißer war es, das von den Hetzhunden getriebene Wild zu packen und festzuhalten, bis der Jäger kam und die Beute erlegte. Für diese Aufgabe mußte der Hund ein möglichst breites Maul mit breitem Zahnstand haben. Nur damit konnte er sich richtig festbeißen und seine Beute anschließend festhalten. Durch die Zucht kam es zu einer fortschreitenden Verkürzung des Oberkiefers. Es entstand der Vorbiß, der dem Hund beim Packen der Beute immer noch Raum zum Luftholen ließ. Dieser Vorbiß ist typisch für den Boxer.

Damit die Bärenbeißer ihre Aufgabe noch besser versehen konnten, wurden ihnen zusätzlich die Ohren gestutzt. Denn beschnittene Ohren waren weniger verletzungsanfällig. Auf den damaligen Verwendungszweck geht also der Brauch zurück, auch den Boxern die Ohren zu stutzen. Seit 1987 allerdings ist das Kupieren der Ohren in Deutschland verboten.

Mit dem Niedergang der Fürstentümer in Deutschland als Folge der Französischen Revolution ging die Zucht von Bullen- beziehungsweise Bärenbeißerhunden für die Jagd zurück. Nun wurden diese Tiere bevorzugt von Metzgern als Helfer beim Viehtreiben eingesetzt.

Gezielte Boxer-Zucht

Die Rassezucht begann erst in der 2. Hälfte des 18. Jahrhunderts in Deutschland. Die Bullenbeißer des 18. Jahrhunderts stellten noch keinen einheitlichen Typ dar. Viele Tiere waren Bastarde oder eine Vermischung mit Bulldoggen. Dennoch gab es eine jahrhundertelange Tradition der Reinzucht des Bullenbeißers. Sie machte es möglich, einen Einheitstyp herauszuzüchten. Der Name »Boxer« für diesen einheitlichen Typ taucht erstmals zwischen 1860 bis 1870 auf. Wenig später schließen sich auch einige Freunde der Reinzucht des Boxers zusammen und gründen 1895 einen Boxer-Klub in München. Sie sind es auch, die aus dem damaligen Münchner »Bierboxer« den beliebten Familien- wie auch Gebrauchshund machen, wie wir ihn heute kennen. Heute ist es nur noch schwer vorstellbar, wie schwierig dies ohne Kenntnis der Vererbungslehre und der Blutlinien war.

Zu den Verdiensten des neugegründeten Boxer-Klubs gehört auch, den Rassestandard verbindlich festgelegt zu haben. Denn zuvor wurde lediglich nach praktischen Gesichtspunkten gezüchtet. Die Verpaarungen fanden nach dem Verwendungszweck statt. Erst jetzt gab es eine davon losgelöste Richtlinie, an die sich sowohl Züchter wie auch Richter halten konnten.

Einer der ersten Boxerzwinger, der sich mit seiner Zucht einen Namen machte, war der »vom Dom«. Die Besitzerin, Friderun Stockmann, legte mit ihm den Grundstein zu einer im In- und Ausland angesehenen Boxerzucht. Aus ihr stammt auch der legendäre »Lustig vom Dom«. Viele Boxer unserer Zeit gehen auf diesen Rüden zurück.

Im Spiel miteinander trainieren Boxer typische Verhaltensweisen. Der linke Boxer fordert hier den rechten zu einem Scheinkampf auf.

Geduldig läßt sich die Hündin das unbändige Treiben der Welpen gefallen. Beim Herumbalgen mit ihren Wurfgeschwistern üben die Welpen Bewegungsabläufe und Verhaltensmuster ein.

Der Rassestandard

Der Standard einer Hunderasse beschreibt idealtypisch sämtliche Merkmale, die ein Vertreter dieser Rasse aufweisen soll. Die Angaben zum Rassestandard sind verbindlich und stets in einem Zuchtbuch festgelegt. Sie müssen bei der Zucht eingehalten werden. Zugleich dienen diese Richtlinien bei Hundeausstellungen den Richtern als Beurteilungsgrundlage.

Das Zuchtbuch hält auch sämtliche Zuchtergebnisse fest. So bietet es den Stammbaum für die ganze Rasse, und für jeden Welpen aus der Zucht kann die gesamte Galerie seiner Ahnen abgerufen werden. Das Zuchtbuch ist also gewissermaßen ein Standesamtsregister für Hunde.

Rassemerkmale

Wie aber definiert nun das Zuchtbuch den Boxer?
Körperbau: Der Boxer ist ein mittelgroßer, glatthaariger, stämmiger Hund

mit starken Knochen und kurzem, quadratischem Gebäude – so nennen die Fachleute den Körperbau des Hundes. Der Hals ist gerade, gerade sind auch die Läufe. Die Brust ist ausgeprägt und stark gewölbt, der Rücken zum Hinterteil, der sogenannten Kruppe, hin leicht abfallend.

Rüden müssen zwei offensichtlich normal entwickelte Hoden aufweisen, die gut sichtbar sind.

Hinweis: Das Kupieren der Rute ist erlaubt. Dieser Eingriff wird einige Tage nach der Geburt vorgenommen. Er soll das Aufschlagen der Rute verhindern.

Kopf: Die massige Form des Kopfes ist wesentlich geprägt von den breiten Kiefern. Sie formen eine nahezu quadratische Schnauze (die auch als Fang bezeichnet wird) und beherbergen ein starkes Gebiß. Die Lefzen sind stark ausgebildet und hängen über den Unterkiefer herab.

Die Augen sind im Idealfall dunkelbraun bis schwarz. Farbveränderungen, zum Beispiel helle Augen, sind nicht wünschenswert.

Die Ohren sind von Natur aus langhängend.

Wichtig: Die Ohren dürfen seit 1987 in Deutschland nicht mehr kupiert werden.

Größe und Gewicht: Die Größe des Boxers beträgt ab Widerrist, das ist die senkrechte Strecke vom Boden bis über die Schulterblätter, bei Rüden 57 bis 63 cm, bei Hündinnen 53 bis 59 cm. Das Gewicht beträgt bei Rüden über 30 kg, bei Hündinnen circa 25 kg und mehr. Für das Gewicht lassen sich natürlich keine exakten Angaben machen, da es immer von der Größe des Hundes

Ein gestromter Boxerrüde, wie er dem Rassestandard entspricht.

Steckbrief: Deutscher Boxer

Ursprungsland: Deutschland
Verbreitung: auf allen Kontinenten der Erde als beliebter Haus-, Schutz- und Gebrauchshund vertreten
Rassegruppe: Gebrauchs- und Schutzhund
Eignung: als Begleithund; idealer Familienhund insbesondere aufgrund seiner starken Kinderliebe
Charakter: ruhiges, ausgeglichenes Wesen; ausgeprägter Spieltrieb; gut erziehbar
Haltungsansprüche: Wohnraum darf nicht beengt sein

Fütterung: unproblematisch; Frischfleisch oder Fertigfutter, zusätzlich Quark, zwischendurch einen Kauknochen, Hundekuchen und zur Belohnung ein Leckerchen
Pflege: ab und zu bürsten
Bewegung: regelmäßiger Auslauf
Verträglichkeit mit anderen Haustieren: individuell, von der Erziehung und Gewöhnung abhängig
Größe: mittelgroß
Lebenserwartung: circa 9 bis 11 Jahre
Welpenpreis: circa DM 1.500,–

abhängig ist. Wichtig ist aber, daß immer noch Rippenspiel erkennbar ist (→ Wenn der Boxer zu dick ist, Seite 47, sowie Foto, Seite 53).

Fell und Farbe: Das Haarkleid ist kurz, glänzend und anliegend. Seine Farbe ist gelb in verschiedenen Tönen von hellgelb bis dunkelhirschrot. Das Haarkleid kann aber auch gestromt sein. Es hat dann dunkle Streifen in den genannten Abstufungen auf gelbem Grund, wobei Grundfarbe und Streifen sich deutlich voneinander abheben müssen. Das Fell kann eventuell weiße Abzeichen tragen. Sie dürfen jedoch nicht mehr als ein Drittel der Körperfläche bedecken und sollen auch nicht entstellend sein.

Die Maske ist schwarz. Eine schwach ausgefärbte oder nicht vorhandene Maske ist fehlerhaft.

Das Wesen

Der Rassestandard legt auch den Charakter fest (→ Wesensmerkmale, Seite 4). Demzufolge soll der Boxer nervenstark, selbstbewußt, ruhig und ausgeglichen sein.

Der typische Boxer ist zutraulich und treuherzig in der Familie, aber mißtrauisch gegenüber Fremden, heiter und freundlich beim Spiel, aber furchtlos im Ernst.

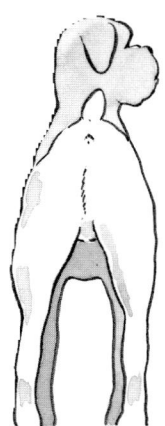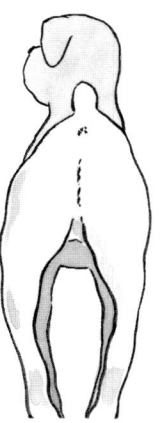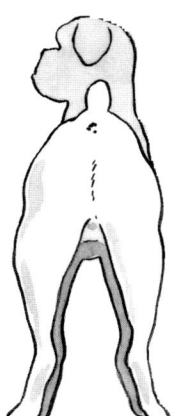

Links ein Boxer mit korrekter Haltung der Hinterhand. Das Tier in der Mitte hat o-förmige Hinterläufe, der rechte Boxer x-Beine.

Ratschläge für den Kauf

Mit dem Kauf eines Boxers übernehmen Sie eine große Verantwortung, denn das Tier ist uns Menschen ja auf Gedeih und Verderb ausgeliefert. Bevor Sie sich also zum Kauf eines Boxers entschließen, sollten Sie sich über einige Dinge Gedanken machen:

• Ein Boxerleben dauert etwa 10 Jahre. Können Sie gewährleisten, daß das Tier für diese Zeit bei Ihnen gut versorgt ist?

• Entsprechen Ihre Wohnverhältnisse den Ansprüchen eines solchen Hundes? Nicht jeder, der sich zum Kauf eines Boxers entscheidet, muß ein Haus mit Garten haben – obwohl dies optimal wäre. Auch für die Haltung in einer Wohnung ist der Boxer sehr gut geeignet, da er ein ruhiger Hund ist. Allerdings sollte es nicht gerade ein kleines Appartement sein, denn der Boxer hat einen starken Bewegungsdrang und braucht entsprechende Bewegungsfreiheit.

• Bei der Haltung in einer Mietwohnung brauchen Sie vorab die schriftliche Zustimmung des Vermieters.

• Auch die Frage des »Gassi-Gehens« ist bei einer Mietwohnung besonders wichtig. Befindet sich eine Freifläche in der näheren Umgebung, wo der Boxer sich lösen kann? Falls dies nicht der Fall ist, müssen Sie unter Umständen mit dem Auto einige Kilometer fahren, um ein geeignetes Plätzchen zu finden.

• Wie steht es um die Versorgung Ihres Boxers, wenn Sie in Urlaub fahren? Haben Sie Reiseziele, wohin Sie Ihren Hund problemlos mitnehmen können?

Steuer und Versicherungen

Wenn Sie zu dem Entschluß gekommen sind, einen Boxer zu kaufen, müssen Sie noch folgendes beachten:

• Für jeden Hundebesitzer besteht die Pflicht zur Zahlung der Hundesteuer. Spätestens 14 Tage nach dem Erwerb des Tieres, gleichgültig ob es sich um einen Welpen oder erwachsenen Hund handelt, muß der Käufer ihn bei der Stadt oder Gemeinde anmelden.

• Des weiteren empfiehlt sich der Abschluß einer Hundehaftpflichtversicherung. Sie deckt sämtliche Schäden ab, die Ihr Hund verursacht. Allerdings entbindet sie nicht von der eigenen Sorgfaltspflicht bei der Beaufsichtigung des Hundes.

• Auch eine Krankenversicherung für Hunde wird bereits angeboten (→ Adressen, Seite 62). Ob der Abschluß einer solchen Versicherung ratsam ist, muß jeder Hundebesitzer selbst entscheiden.

Rüde oder Hündin?

Die Frage, ob es günstiger ist, einen Rüden oder eine Hündin anzuschaffen, läßt sich nicht eindeutig beantworten. Denn das Geschlecht ist – genau wie die Farbe – in erster Linie eine Frage des persönlichen Geschmacks. Dennoch gibt es auch objektive Gründe, die den Ausschlag für ein bestimmtes Geschlecht geben können:

Der Rüde wird größer, schwerer und kräftiger als eine Hündin; er kann bei einer Größe von 63 cm ab Widerrist das beachtliche Gewicht von 38 kg erreichen. Seine Größe und Kraft sind auch in einer anderen Hinsicht nicht außer acht zu lassen: Ein ausgewachsener Boxerrüde kann für seinen Besitzer durch sein ungestümes Verhalten im Umgang mit anderen Rüden körperlich sehr anstrengend sein. Hierbei spielt das

Vor dem Kauf eines Boxers sollten Sie sich fragen: Paßt ein Boxer in mein Leben – und in meine Wohnung?

Einen reinrassigen Boxer wie diesen erwerben Sie am besten beim Züchter.

Dominanzverhalten eine große Rolle. Auf der anderen Seite bringt ein Rüde natürlich – selbst wenn er trotz sorgfältiger Aufsicht doch einmal ausgerückt ist – keinen unerwünschten Nachwuchs mit nach Hause.

Die Hündin ist in der Regel kleiner und leichter als ein Rüde. Auch ist sie meistens etwas wachsamer, denn schließlich muß sie ja als Mutterhündin ihre Welpen aufziehen. Allerdings wird eine Hündin im Normalfall zweimal im Jahr läufig. Viele scheuen die mit dieser so-genannten Hitze verbundenen kleinen Unannehmlichkeiten (→ Paarung, Seite 56). Die Läufigkeit deshalb medikamentös zu unterbinden ist jedoch nicht zu empfehlen. Denn spätere Gesundheitsschäden, zum Beispiel Gebärmutterentzündungen, sind oft die Folge solcher Behandlungen.

Welpe oder erwachsener Hund?

Ich persönlich bevorzuge die Anschaffung eines Welpen. So kann ich seine Erziehung steuern. Wenn der Hund

Der Welpe leckt der Mutterhündin die Lefze zum Zeichen, daß er Futter will.

später dennoch Eigenarten entwickelt, dann sind sie wenigstens von mir selbst zu verantworten. Bei der Anschaffung eines erwachsenen Hundes sollten Sie sich genau über die Gründe informieren, die zur Abgabe des Tieres führten. So sind Sie auf mögliche Überraschungen, wie zum Beispiel Unverträglichkeit mit anderen Hunden oder sonstige Eigenarten, besser vorbereitet.

<u>Zusammenleben mit anderen Tieren:</u> Wie gut der angeschaffte Boxer mit anderen Haustieren zusammenleben kann, ist unabhängig davon, wie alt er ist. Sicher wird sich ein Welpe leichter mit anderen Tieren arrangieren als ein erwachsener Hund, der vielleicht schon Negativerfahrungen gemacht hat. In solchen Fällen gilt es darauf zu achten, daß jedes Tier den Lebensraum des anderen akzeptiert.

Einzelhund oder zwei Gefährten?

Ein einzelner Boxer fühlt sich in der Familie als »Alleinherrscher« sehr wohl. Seine Spielgefährten sind überwiegend die Familienangehörigen. Sie zieht er

sogar einem Artgenossen, der nicht zur Familie gehört, vor. Wenn Sie sich einen zweiten Boxer dazukaufen wollen, sollten Sie folgendes bedenken:

• Es kommt die doppelte Arbeit bei der Fütterung und Pflege auf Sie zu.

• Bedenken Sie bitte, daß jeder Hund, ob Einzelgänger oder im Rudel gehalten, ein Individuum mit besonderen Charaktereigenschaften und eigenem Temperament ist.

• Auch bei der Wahl des Urlaubsdomizils stellt sich die Frage, ob Sie den zweiten Hund mitnehmen können.

<u>Ein zweiter Boxer:</u> Wenn ein zweiter Boxer ins Haus kommt, braucht Ihr Ersthund einige Tage, bis er sich an den neuen Artgenossen gewöhnt hat. Ist er bereits in einem gesetzteren Alter, werden Sie sich wundern: Denn er wird wieder jung werden.

Die wenigsten Probleme bei der Eingewöhnung wird es geben, wenn sich durch den neu hinzugekommenen Boxer ein Pärchen ergibt. Dem Welpen fällt die Eingewöhnung in jedem Fall wesentlich leichter, wenn bereits ein Artgenosse in der Familie ist.

Wenn Kinder im Haushalt sind

Der Boxer ist als Familienhund problemlos im Umgang mit Kindern. Dabei spielt es im übrigen keine Rolle, ob Sie einen Rüden oder eine Hündin haben. Die Kinder sollten allerdings lernen, ihren Boxer nicht als Spielzeug zu mißbrauchen oder ihm Schmerzen zuzufügen. Insbesondere beim Umgang mit Welpen sollten sie vorsichtig sein, denn Welpen können durchaus schmerzhafte Biß- und Kratzwunden zufügen. Kleinkinder sollten Sie immer beaufsichtigen, wenn Ihr Boxer zugegen ist. So können Sie sofort eingreifen, falls einmal etwa durch die Lebhaftigkeit des Boxers beim Spiel eine bedrohliche Situation entsteht.

Augen auf beim Boxer-Kauf

Wenn die Entscheidung für einen Boxer gefallen ist, stellt sich natürlich die Frage: »Wo bekomme ich einen Boxer her?« Einen Welpen kaufen Sie am besten bei einem Züchter, der Mitglied ist im Boxer-Klub e.V., Sitz München.

Wie finden Sie einen guten Züchter?

Adressen von Boxer-Züchtern erhalten Sie über die Zuchtwarte oder den VDH (= Verband für das Deutsche Hundewesen; → Adressen, Seite 62). Die Zuchtwarte betreuen die Würfe zusammen mit dem Züchter und begutachten die Welpen vor der Abgabe an die einzelnen Käufer. Daher sind sie über die gefallenen und meistens auch anstehenden Würfe informiert. Aufgrund seiner Tätigkeit hat jeder Zuchtwart so viele Kontakte, daß es ihm fast immer möglich sein wird, einen Welpen zu vermitteln. Beim Boxer-Klub teilt man Ihnen gern die Telefonnummer eines Zuchtwarts, der in Ihrer Nähe wohnt, mit.

Weitere Ansprechpartner:
• In allen Bundesländern gibt es Boxer-Gruppen mit entsprechenden Übungsplätzen. Hier erhalten Sie selbstverständlich ebenfalls Rat und Hilfe beim Kauf.
• Auch wenn Sie einen Boxerbesitzer auf der Straße sehen, sprechen Sie ihn ruhig auf die Herkunft seines Tieres an. In der Regel wird er Ihnen gern die Adresse von dessen Züchter nennen.
Hinweis: Abzuraten ist, den Boxer über den Versandhandel zu besorgen. Hier wird der Hund bestellt und per Fracht geliefert. Sie wissen also vorher weder, wie Ihr Hund aussieht, noch von welchen Eltern er abstammt. Sie erhalten demzufolge auch keine Ahnentafel.

Die Auswahl des Welpen

Bei der Auswahl eines Welpen sollte der persönliche Geschmack entscheiden. Sie haben für Ihre Wahl ausreichend Zeit zur Verfügung. Denn ein Welpe wird nie vor seiner 9. Lebenswoche abgegeben. Bis dahin können Sie den Wurf immer wieder in Augenschein nehmen. Natürlich ist es am besten, wenn Sie möglichst früh einen Wunschkandidaten haben. Denn ihn können Sie dann bereits immer wieder besuchen, um mit ihm zu spielen. Auf diese Weise kann er sich schon an Sie gewöhnen.
Das Wesen des Welpen sollte neben seinem guten gesundheitlichen Zustand (→ Kasten, unten) ein wichtiges Kriterium für die Auswahl sein. Denn Sie möchten ja einen Hund haben, der zu

Kennzeichen eines gesunden Welpen

• Der Welpe hat ein seidig glänzendes, dichtes Fell. Es darf nicht stumpf und glanzlos sein.
• Die Augen sind klar und leuchtend. Sie dürfen weder trüb sein noch tränen.
Ein normal entwickelter und gesunder Welpe ist überdies immer:
• neugierig: Er wird seine Umgebung intensiv erkunden und auf Menschen interessiert zugehen. Der Welpe darf nicht schreckhaft sein;
• lebhaft: Der Welpe ist aktiv, bewegt sich flink und reagiert auf alle Außenreize. Er darf nicht apathisch sein;
• verspielt: Der Welpe geht auf jedes Angebot zu spielen ein und nutzt jeden zum Spiel dargebotenen Gegenstand entsprechend.

Ihnen und Ihrem Lebenswandel paßt. Beobachten Sie also ganz genau die einzelnen »Charaktere« im Wurf. Wollen Sie einen lebhaften Hausgenossen, dann nehmen Sie einen Welpen, der ungestüm mit seinen Wurfgenossen herumtollt und auch sofort auf Sie als Besucher zugeht. Sagt Ihrem Temperament eher ein ruhigerer Typ zu, dann ist der Welpe der richtige für Sie, der nicht bei jeder Balgerei dabei ist und das Geschehen auch einmal von außen interessiert beobachtet. Aufgeweckt sollte Ihr Wunschwelpe aber in jedem Fall sein. Lassen Sie sich nicht vom Mitleid leiten und einen scheuen Welpen auswählen, der kontaktarm ist. Ein richtiger Boxer wird immer ein Energiebündel sein. Bei allen Anzeichen, die auf eine Krankheit oder Verhaltensstörung hinweisen, ist Vorsicht geboten (→ Kasten, Seite 15).

Die Vorteile des Kaufs beim Züchter
Ein verantwortungsvoller Boxerzüchter unterwirft sich freiwillig den Rassehund- und Gesundheitsbestimmungen des Klubs und betreibt im Normalfall Lieb-

haber- und Hobbyzucht. Wenn Sie Ihren Boxer bei einem Züchter erwerben, erhalten Sie demnach nicht nur ein Tier, das dem Rassestandard entspricht; Sie haben vielmehr auch die Gewähr, daß der Welpe optimal gepflegt ist:
• Die Welpen werden beim Züchter zusammen mit dem Wurf groß, und die Prägungsphase, die ab der 3. Woche beginnt (→ Die sanfte Erziehung, Seite 27), ist in den meisten Fällen durch den menschlichen Kontakt und die liebevolle Aufzucht gekennzeichnet.
• Bei einem Hund vom Züchter haben Sie überdies die Gewähr, daß er gut gefüttert worden ist. Da der Züchter die Ernährung systematisch durchführt, kann er auch genau dokumentieren, was er dem Welpen gefüttert hat.
Mein Tip: Ernähren Sie Ihren Welpen in der ersten Zeit genauso, wie es der Züchter getan hat. Die Umstellung auf ein anderes Futter fällt dem Welpen sehr schwer. Erfolgt sie zu früh, kann es zu empfindlichen Störungen im Magen-Darm-Bereich kommen. Lassen Sie sich deshalb von Ihrem Züchter einen Ernährungsplan aushändigen.

Impfpaß und Entwurmung
Noch zwei weitere wichtige Vorteile haben Sie, wenn Sie Ihren Boxer bei einem Züchter erwerben:
• Der Welpe ist gegen Hepatitis, Leptospirose, Staupe und Parvovirus geimpft (→ Impfplan, Seite 51). Diese Grundimmunisierung führt der Züchter innerhalb der ersten 8 Lebenswochen des Welpen durch. Wenn der Zuchtwart nach der 8. Lebenswoche die Welpen begutachtet, händigt ihm der Züchter auch die entsprechenden Impfnachweise aus.
• Der verantwortungsvolle Boxerzüchter sorgt auch dafür, daß die Welpen bis zur Abgabe an die Käufer, die ab der 9. Lebenswoche möglich ist, ausrei-

Fühlt er sich wohl, wälzt sich der Boxer im Gras.

Boxer sind Energiebündel mit hoher Ausdauer.

chend entwurmt sind (→ Gesundheits-vorsorge und Krankheiten, Seite 48). <u>Hinweis:</u> Achten Sie beim Kauf also unbedingt darauf, daß Sie den Impfpaß und den Nachweis über die erfolgte Entwurmung erhalten.

Kaufvertrag

Boxerkauf ist Vertrauenssache. Dennoch empfiehlt sich der Abschluß eines Kaufvertrags. Entsprechende Vordrucke bieten der Boxer-Klub ebenso wie der VDH (= Verband für das Deutsche Hundewesen) und die FCI (= Fédération Cynologique Internationale) an. Ein Muß ist eine solche Vereinbarung nicht, doch bietet sie dem Käufer und dem Züchter einen gewissen Schutz.

Ahnentafel

Wenn Sie Ihren Boxer von einem Züchter erworben haben, der dem Boxer-Klub e.V. angehört, erhalten Sie auch eine Ahnentafel. Sie ist vom Boxer-Klub ausgestellt, denn er ist der für den Deutschen Boxer anerkannte Zuchtverband. In dem von ihm ausgestellten Ahnennachweis sind Name und Herkunft des Tieres verzeichnet. Er bestätigt ferner, daß Ihr Hund aus kontrollierter Zucht des Boxer-Klubs stammt und dem Standard sowie der Zuchtordnung des Klubs entspricht (→ Der Rassestandard, Seite 10). Diese Satzung sieht unter anderem vor, daß der zuständige Zuchtwart die Würfe mindestens dreimal besichtigt und dies im Zuchtbuch dokumentiert.

<u>Bei Hunden mit anderem Ahnennachweis</u> ist es wichtig, daß es sich um Zuchtvereine handelt, die von der FCI anerkannt sind. Die FCI ist der Weltverband für kontrollierte Rassehundezucht (→ Adressen, Seite 62).

Grundausstattung für den Boxer

Halsband mit Leine: Zur Erstausstattung für Ihren Boxer gehört ein Lederhalsband, das nicht zu eng sein darf. Sie können den Züchter des Hundes bitten, den Halsumfang zu messen und Ihnen die entsprechende Größe mitzuteilen.

Dazu benötigen Sie noch eine etwa 2 m lange Lederleine, die nicht zu schwer sein sollte. Leinen, deren unteres Ende zu etwa einem Drittel aus Metallgliedern besteht, sind ungeeignet. Denn Welpen versuchen, sich durch Beißen in die Leine diesem für sie noch ungewohnten Instrument zu entziehen. Die Metallglieder aber schaden den kleinen Milchzähnen. Ebenfalls ungeeignet sind Hundeleinen mit Aufrollautomatik. Selbst der Welpe sollte schon etwas Leinendisziplin lernen; dafür ist diese Leinenart indessen nicht geeignet.

Wenn der Hund älter wird, benötigt er eine strapazierfähige Lederleine, die seinem Temperament standhält, und ein Kettengliederband. Dieses auch Kettenwürger genannte Halsband zieht sich zusammen, sobald der Boxer an der Leine zieht.

Liegeplatz: Ganz wichtig für das Wohlbefinden Ihres Welpen ist der Liegeplatz. Für ihn sollte ein ruhiger und zugfreier Ort gewählt werden, an dem der Hund nicht gestört wird und gleichzeitig Kontakt mit seiner Familie hat. Er sollte sich außerdem an keinem zu warmen Ort, wie etwa vor der Zentralheizung, befinden. Das kann unter Umständen zu unregelmäßigem Haarwechsel führen und macht den Hund empfänglicher für Erkältungskrankheiten. Der Liegeplatz selbst soll nicht zu weich sein. Am besten eignet sich ein Korb oder eine Matratze. Zweckmäßig ist es, wenn diese Unterlage bereits die richtige Größe für den ausgewachsenen Hund hat.

Freßnapf: Sie brauchen auch noch eine Futter- und eine Wasserschüssel. Beide sollten leicht zu reinigen sein. Der Fachhandel bietet standsichere Modelle an, die in der Höhe verstellbar sind. Sie lassen sich der Größe des Hundes entsprechend einrichten und wachsen so gleichsam mit. Vorteil dieser höhenverstellbaren Schüsseln ist, daß sie das Ausdrehen und Abwinkeln der Vorderläufe verhindern.

Spielzeug: Der Welpe sollte auch Spielsachen haben. Sie dienen jedoch nicht nur seinem Vergnügen und zur spielerischen Betätigung, sondern auch dazu, sein Interesse von Möbeln und Teppichen abzulenken. Gut geeignet ist ein fester Ball oder ein Hartgummireifen.

Der Ball muß allerdings groß genug sein, daß der Boxer ihn nicht verschlucken kann. Ein ausgezeichnetes Spielzeug sind auch alte Baumwollsocken mit einem Knoten darin. Nicht geeignet sind Gummispielsachen, da der junge Hund sie annagt und Stücke davon verschlucken könnte. Auch alle Materialien, die splittern könnten, wie Hartplastik, Holz und Zelluloid, eignen sich nicht.

Gefahrenquellen

Natürlich gibt es auch im Haus oder in der Wohnung einige Gefahrenquellen für Ihren Welpen, die Sie beseitigen sollten, bevor er ins Haus kommt.

Kabel: Besonders gefährlich sind alle frei zugänglichen Elektrokabel. Der Hund könnte sie annagen und dabei einen Stromschlag mit möglicherweise tödlicher Folge erhalten. In Sicherheit bringen sollten Sie auch Ihr Telefonkabel.

Abgänge: Glatte oder offene Treppen oder gar Treppen ohne Geländer sollten für den Welpen nicht zugänglich sein. Er könnte stürzen.

Böden: Polierte oder gebohnerte Holz- oder Steinfußböden sind für den Welpen meist zu glatt. Sie lassen sich durch Teppichböden mit einer rutsch-festen Unterlage, Fliesen mit auf-gerauhter Oberfläche oder etwa auch durch Gumminoppenböden griffiger gestalten.

Gefährliche Utensilien: Plastiktüten oder Schaumstoffteile und alle spitzen Ge-genstände sollten außer Reichweite sein, denn der Welpe neigt dazu, alles zu untersuchen und gegebenenfalls auch zu fressen.

Giftstoffe: Medikamente dürfen selbst-verständlich niemals für den Hund erreichbar aufbewahrt werden. Das gleiche gilt für Reinigungsmittel sowie Ratten- und Mäusegift.

Pflanzen: Pflanzen in Haus und Garten können für unseren kleinen Vierbeiner giftig sein. Erkundigen Sie sich – auch beim zukünftigen Pflanzenkauf – bei Ihrem Gartenfachhändler danach, er wird Sie gern beraten.

Mit dem Hund auf Reisen

Für die Reise mit einem jungen Hund ist die Fahrt mit dem Auto eher als die Fahrt mit der Bahn zu empfehlen, da hier die Haltezeiten individuell gewählt werden können.

Mit dem Auto: Fast jeder Hund, also auch Ihr Boxer, fährt gern Auto. Um die Fahrtüchtigkeit Ihres Hundes zu testen, können Sie eine kurze Probefahrt unter-nehmen. Vor einer längeren Autofahrt sollten Sie Ihren Hund nicht füttern. Gut ist es, wenn Sie alle 2 Stunden die Fahrt unterbrechen und eine kurze Pause machen, damit der Hund etwas spielen, laufen und sich lösen kann. Bei dieser Gelegenheit geben Sie ihm auch frisches Wasser. Gefüttert wird erst bei Ankunft am Reiseziel.

Lassen Sie Ihren Hund niemals bei heißem Wetter allein im Auto. Boxer leiden unter der heißen Witterung. Es kann zu einem Kreislaufkollaps kom-men, der zum Tod führen kann.

Mit der Bahn: Bei längeren Bahnfahrten gilt das gleiche wie bei Autofahrten. Sie müssen auch hier dem Tier die Mög-lichkeit geben, sich zu lösen. Dies kann beispielsweise bei längeren Haltepausen am Bahnhof geschehen.

Ins Ausland: Bei Reisen ins Ausland sind die jeweiligen Veterinärbestim-mungen zu beachten. Deren Inhalt erfahren Sie bei Ihrem Tierarzt oder der Botschaft des Reiselandes. In jedem Fall ist der gültige Impfpaß erforderlich (→ Seite 48). Wenn Ihr Boxer mit ins Flugzeug soll, erkundigen Sie sich bei der Flug-gesellschaft, wo Sie eine passen-de Flugbox be-kommen kön-nen. Die Gesell-schaften stellen sie Ihnen gegen Gebühr gern zur Verfügung.

So wird das Zughalsband richtig angelegt: Zur führenden Hand hin verläuft die Kette glatt.

Eingewöhnung des Welpen

Jeder Welpenkäufer fiebert dem Tag entgegen, an dem er seinen neuen Hausgenossen endlich abholen kann. Auch für den Welpen ist dieses Datum ein einschneidendes Erlebnis in seinem jungen Leben. Denn er wird von seiner Mutter und den Wurfgeschwistern getrennt. Weil er aus seiner vertrauten Umgebung herausgerissen wird, ist er bei seinem neuen Besitzer naturgemäß noch sehr verunsichert.

Transport

Sie sollten Ihren Welpen daher nicht allein abholen, denn er darf vor allem im Auto nicht ohne Aufsicht sein. Die beste Zeit ist der Vormittag. Der Welpe hat dann noch Zeit, sich vor seiner ersten Nacht allein mit seiner neuen Umgebung und der Familie etwas vertraut zu machen.

Vor dem Transport: Bitten Sie den Züchter, den Welpen kurz vor dem Abholen nicht mehr zu füttern. Denn durch die Aufregung kann es bei dem jungen Tier leicht zu Erbrechen und Durchfall kommen.

Während des Transports ist das Verhalten des Welpen vollkommen unterschiedlich:

• Der eine sucht den Körperkontakt seines neuen Menschen und will daher auf den Schoß. Bei kurzen Strecken ist dies ohne weiteres möglich; für längere Fahrten können Sie den Welpen in den Fußraum vor dem Beifahrersitz auf eine Decke oder ein großes Handtuch legen. Die Lüftung muß dann natürlich nach oben oder abgestellt werden.

• Der andere Welpe braucht diese Nähe nicht und begnügt sich mit einem Platz für sich allein. Keinesfalls sollte er aber allein auf dem Rücksitz bleiben, da er bei zu starkem Bremsen herunterfallen und sich verletzen könnte.

Nach dem Transport und einer Ruhezeit von etwa 1 Stunde sollte der Welpe etwas zu fressen bekommen. Wenn er dann müde ist, zeigen Sie ihm seinen Liegeplatz für den Tag. Sie können ein von Ihnen getragenes altes Wäschestück auf seinen Platz legen, damit er einen vertrauten Geruch wahrnimmt. Er wird es auch gern zum Kuscheln benutzen und sich dadurch nicht so allein fühlen.

Die ersten Tage und Nächte

Die erste Nacht ist sowohl für Ihren Welpen als auch für Sie die schlimmste. Gerade in der ersten Nacht vermißt der Welpe seine Wurfgeschwister am meisten. Er fühlt sich allein, ist oft sehr unruhig und jammert. Machen Sie nicht den Fehler, ihn ins Bett zu holen. Sicher fühlt er sich dort am wohlsten, weil er in Ihrer Nähe ist. Er wird aber dadurch Ihr Bett als seinen Schlafplatz für die Nacht betrachten – und das ist für Sie spätestens bei einem ausgewachsenen Hund nicht mehr so bequem. Richten Sie ihm deshalb seinen Platz so ein, daß er Sie sehen und eventuell riechen kann, zum Beispiel vor Ihrem Bett. So bemerken Sie auch am einfachsten, wenn der Hund nachts einmal hinaus muß, was in der ersten Zeit durchaus möglich ist.

Die Gewöhnungsphase: Eine generelle Verhaltensweise der Welpen in den ersten Tagen und Nächten gibt es nicht.

Boxer sind lernfähig. Diese Anlage muß nur von Anbeginn an gefördert werden.

Wenn es ein Leckerchen zur Belohnung gibt, muß der Boxer »Platz« machen.

Grundsätzlich gilt: Beobachten Sie Ihren Hund und lernen Sie ihn verstehen. Geben Sie ihm genügend Zeit und Gelegenheit, sich in aller Ruhe an seine neue Heimstatt zu gewöhnen. Hektische Bewegungen und lautes Schreien können ihn in der neuen Umgebung einschüchtern. Zeigen Sie Ihre Neuerwerbung in der ersten Zeit auch nicht bei Bekannten und Verwandten herum.

Hochheben des Welpen: Wenn Sie Ihren Welpen hochheben wollen, darf dies nur auf eine Weise geschehen (→ Zeichnung, Seite 22): Legen Sie eine Hand von hinten unter den Brustkorb, und zwar so, daß alle Finger zwischen den Vorderläufen zu liegen kommen. Die andere Hand stützt das Hinterteil.

Wenn Sie den Welpen auf dem Arm halten, ist darauf zu achten, daß die Vorderläufe gut an seinem Körper anliegen und nicht etwa abgewinkelt werden.

Vorsicht: Vergessen Sie nie, den Welpen gut festzuhalten. Er kann sich noch so ruhig verhalten – und doch plötzlich

Beim Hochheben des Welpen stets mit einer Hand das Hinterteil unterstützen.

herunterzuspringen versuchen. Auch wenn Kinder ihn halten wollen, ist deswegen Vorsicht geboten.

Auch ein Welpe muß bereits einiges lernen

Ein Welpe muß gleich zu Anfang drei Dinge lernen: an der Leine zu gehen (→ PRAXIS Erziehung, Seite 30), auf seinen Namen zu hören und stubenrein zu werden.

<u>Auf den Namen hören:</u> Viele Züchter geben Ihnen die Möglichkeit, den Namen Ihres Boxers zu bestimmen. Der Züchter kann so den Welpen schon bei sich mit seinem Namen rufen. Für Sie hat das den Vorteil, daß der Welpe in den meisten Fällen bereits auf seinen Namen hört.

Sprechen Sie den Namen Ihres Hundes in freundlichem und frohem Ton aus, niemals im Zusammenhang mit Mißbilligung. Hat der Hund gehorcht, loben Sie ihn oder geben Sie ihm auch ein »Leckerchen« zur Belohnung.

<u>Stubenrein werden:</u> Ihren Welpen stubenrein zu erziehen erfordert schon

etwas mehr Mühe. Halten Sie sich dabei immer vor Augen, daß Stubenreinheit mehr ein Ergebnis Ihrer Aufmerksamkeit ist als der Gelehrigkeit des Welpen.

• Halten Sie sich daher strikt an die Regel: Nach jedem Schlafen und Fressen muß der Hund »Gassi gehen«.
• Auch morgens muß der Welpe gleich nach dem Wachwerden ins Freie. Die große Begrüßung nach dem Schlafen sollte erst anschließend stattfinden, da sonst das Malheur bereits passieren kann...
• Suchen Sie für Ihren Hund einen Platz aus, wo er sein Geschäft verrichten darf und führen Sie ihn immer an diese Stelle. So kann der Hund beides schneller miteinander verknüpfen.
• Hat der Welpe ausgehalten und sein Geschäft draußen verrichtet, dann loben Sie ihn überschwenglich oder geben ihm ein »Leckerli«. So wird das »Gassi-Gehen« jedesmal für ihn zu einem angenehmen Erlebnis.
• Wenn Sie Ihren Welpen aufmerksam beobachten, werden Sie schnell erkennen, ob er einmal muß. Er zeigt dies in den meisten Fällen durch intensives Schnuppern und Drehen an. Manche Welpen kratzen auch nach kurzer Zeit an der Tür oder zeigen durch Winseln und Bellen vor der Tür an, daß sie einmal hinaus müssen.
• Ist trotz aller Aufmerksamkeit doch einmal in der Wohnung ein kleines Unglück geschehen, müssen Sie die Folgen gleich gründlich beseitigen und die Stelle mit einem Desinfektionsmittel nachwischen. Der Hund benutzt sonst den Ort, wo er sich vergessen hat, gern immer wieder. Bestrafen Sie ihn außerdem mit einem kräftigen »Pfui«.
Es kann sein, daß ein Welpe in der ersten Zeit 10 bis 20 Pfützen täglich zustande bringt und Sie deshalb auch nachts einige Male aus dem Bett müssen.

Hinweis: Die alte Methode, den Welpen mit der Nase in sein Geschäft zu stoßen, ist genauso unsinnig wie wirkungslos.

Schlafenszeit

Ein junger Hund muß auch lernen, daß er nicht nur herumtoben und spielen kann, sondern auch viele Stunden Schlaf täglich braucht. Es gibt Welpen, die so aufgedreht sind, daß Sie sie regelrecht »zwangsschlafen« lassen müssen. Locken Sie solche Tiere mit einem »Leckerli« und ruhiger Stimme auf ihren Liegeplatz. Setzen Sie sich notfalls für kurze Zeit dazu. In aller Regel ist ein Welpe nach dem Spiel so müde, daß er einschläft.

Mein Tip: Sperren Sie einen Boxer, der nicht von selbst schlafen will, nicht allein in ein Zimmer ein. Er wird todunglücklich sein, jammern und gar nicht zur Ruhe kommen. Vielmehr muß er lernen, daß er beruhigt schlafen kann und seine Familie trotzdem da ist, wenn er erwacht. Hat Ihr Boxer dieses Vertrauen einmal gewonnen, werden ihn auch nicht die vielen Nebengeräusche eines Haushalts wie Fernseher, Radio oder Spülmaschine stören, wenn er schläft.

Hoheitsgebiet Liegeplatz

Mit seinem Liegeplatz soll der Hund nur Positives verbinden. Sie sollten es ihm deshalb gestatten, seinen Kauknochen oder sein Spielzeug hierhin zu bringen. Handlungen wie Strafe, Eingeben von Medikamenten, Fiebermessen sollten an diesem Platz tabu sein. Auch Kinder sollten ihn respektieren. Sie müssen lernen, daß der Platz nur dem Vierbeiner gehört und er dort nicht gestört werden darf.

Von Hund zu Hund

Große Bedeutung kommt der Schulung des Sozialverhaltens gegenüber anderen Hunden zu. Einen Welpen können Sie sehr gut an den Umgang mit anderen Hunden gewöhnen. Auf dem täglichen Spaziergang wird sich immer einmal die Gelegenheit bieten, den Welpen mit anderen Hunden spielen zu lassen. Ein erwachsener Hund wird in den meisten Fällen den Welpen akzeptieren und mit ihm spielen.

Achten Sie darauf, daß das Spiel nicht zu rauh wird und der Welpe unterdrückt oder gar verletzt wird. Hat er einmal eine negative Erfahrung mit anderen Hunden gemacht, kann ihn das im Sozialverhalten prägen. Fragen Sie die Besitzer der anderen Hunde, ob ihre Vierbeiner den Umgang mit Welpen gewöhnt sind. Ist das der Fall, steht dem gemeinsamen Spiel nichts im Weg. Wenn Ihr Welpe seine Erfahrungen mit anderen Hunden machen konnte, wird er als ausgewachsener Hund keine Probleme mit seinen Artgenossen haben. Sie werden unabhängig davon allerdings auch feststellen, daß es in der Hundewelt ebenfalls Sympathie und Abneigung gibt.

Alleinsein

Damit Sie Ihr Leben wegen Ihres neuen Hausgenossen nicht grundlegend ändern müssen und etwa auf Gepflogenheiten wie Kino- und Theaterbesuche verzichten müssen, muß Ihr kleiner Vierbeiner lernen, auch einmal allein zu bleiben. Sie können ihn allerdings nicht stundenlang allein lassen; selbst ein ausgewachsener Boxer sollte nicht länger als 6 Stunden auf sich gestellt sein. Sobald sich Ihr Welpe bei Ihnen eingelebt hat und seine Umgebung kennt, können Sie ihn ruhig einmal 10 Minuten allein lassen. Diese Zeitspanne können Sie nach und nach verlängern. Wichtig für Ihren kleinen Vierbeiner ist, daß er lernt, Sie kommen immer wieder.

Den Boxer verstehen lernen

Boxer können sich nicht nur mit ihren Artgenossen verständigen, sondern auch dem Menschen ihre Gefühlsregungen und Wünsche mitteilen. Diese Signale werden Sie oft genug intuitiv richtig deuten oder im Laufe der Zeit durch genaues Beobachten Ihres Tieres verstehen lernen.

Die Körpersprache

Der Boxer hat eine ganz bestimmte Art, sich durch Körpersprache und Mimik verständlich zu machen.

Aufmerksamkeit: Interessiert ihn beispielsweise ein Geräusch, das er nicht kennt, so legt er den Kopf schräg und die Stirn in Falten.

Freude: Seine Freude drückt der Boxer, wie andere Hunde auch, durch das Wedeln mit der Rute aus.

Behagen: Auf Spaziergängen werden Sie bestimmt wiederholt erleben, wie sich Ihr Boxer voller Lust ins Gras wirft und sich hin und her wälzt. Er ist dann ganz ausgelassen. Dieses Verhalten ist Zeichen seines Wohlbefindens. Fühlt er sich besonders wohl, liegt er ganz entspannt auf der Seite. Absolute Vertrautheit zeigt er durch Liegen auf dem Rücken an.

Demut: In der Rückenlage bietet der Boxer auch die Kehle. Das ist eine Demutsgebärde. Auch bei einem Kampf um die Rangordnung werden Sie sie immer wieder sehen. Der schwächere Hund legt sich auf den Rücken und präsentiert dem anderen die Kehle (→ Zeichnung, Seite 26). Damit demonstriert er seine Unterlegenheit. Eine im Verhalten fest verankerte Beißhem-

mung hindert den stärkeren Hund allerdings daran zuzubeißen. Der Zweck der Auseinandersetzung, nämlich die Rangordnung festzulegen, ist ja auch erfüllt.

Trauer: Ist Ihr Boxer einmal traurig, rollt er sich zusammen. Sollten Sie ihn gestraft haben, kann er ganz beleidigt sein. Manche Boxer wenden sich dann ab und reagieren nicht einmal auf Leckerchen oder gute Worte.

Angst: Sie zeigt der Boxer durch Einziehen der Rute. Mit diesem Verhalten reagiert er ebenfalls, wenn er etwas angestellt hat und daraufhin herbeigerufen wird. Den Kopf gesenkt, mit eingezogener Rute und schleichenden Schritten nähert er sich dann.

Ausdruck der Augen: Die Augen des Boxers drücken sehr oft seine Gefühle aus. Aber um diese Regungen richtig zu deuten, müssen Sie ihr Tier schon einige Zeit kennen: Seinen bittenden Blick, wenn es darum geht, einen Leckerbissen zu ergattern; seinen ungeduldig wartenden Blick, weil der tägliche Spaziergang längst überfällig ist; dann den freudigen Blick, wenn Ihr Boxer weiß, daß er mit darf.

Die Lautsprache

Der Boxer hat eine breite Skala von Lautäußerungen zur Verfügung, mit denen er seinen Gemütszustand und seine Wünsche zum Ausdruck bringen kann. Nicht zu Unrecht wird ihre Gesamtheit als Lautsprache bezeichnet. Je mehr Sie sich mit Ihrem Boxer befassen, um so feiner abgestuft wird er sich mitteilen und um so besser werden Sie ihn umgekehrt auch verstehen.

Wenn der Boxer zufrieden ist, schaut er frech und unternehmungslustig in die Welt.

Die Begrüßung zweier Hunde läuft nach einem genau festgelegten Muster ab.

Fiepen und Winseln: Mit hohen Tönen, die er bei geschlossenem Maul hervorbringt, zeigt der Boxer seinen Schmerz an. Auch beim Betteln setzt er sie ein, etwa wenn er zu fressen haben will oder hinaus möchte.

Knurren: Wenn es als Brummen erscheint, zeigt das Knurren das Wohlbehagen Ihres Boxers an; ist es aber ein tiefes Grollen, dann ist der Boxer feindlich gesonnen und bereit zum Kampf. Das Grollen warnt das Gegenüber vor einem Angriff.

Bellen: Beim Bellen ist sowohl die Klangfarbe als auch die zeitliche Abfolge der Belltöne Träger der Information: Gleichmäßiges Bellen in tiefer Tonlage ertönt bei der freundschaftlich gemeinten Begrüßung. Antipathie drückt sich in lautstarkem und hektischem Bellen aus.

Von Trieben geleitet

Das Verhalten des Boxers ist wie bei jedem anderen Tier wesentlich durch Instinkte und Triebe bestimmt. Sie dienen letztlich der Selbsterhaltung oder der Erhaltung der Art.

Der Wehrtrieb dient der Selbstverteidigung.

Der Jagd- oder Beutetrieb äußert sich darin, daß der Boxer einem Tier, das sich fortbewegt und das er folglich als Beute ansieht, nachjagt. Oftmals wird dies nur eine Art Fangspiel sein, etwa wenn er einem Hasen nachsetzt. Dieses Verhaltensmuster läuft ab, obwohl der Boxer kein ausgesprochener Jagdhund ist. Die Erziehung des Boxers muß darauf angelegt sein, diesen Trieb soweit wie möglich zurückzudrängen. Etwaige Regungen in dieser Richtung müssen Sie bereits im Anfangsstadium unterbinden. So etwa, wenn Ihr Boxer Mäusegänge oder Maulwurfshügel aufwühlt. Ebensowenig darf er Rehen und anderem Wild hinterherjagen. Denn bedenken Sie, daß jeder Jäger einen wildernden Hund, der sich außerhalb der Reichweite seines Herrn befindet, abschießen darf. Um dieses Risiko von vornherein auszuschließen, sollten Sie

Zum Zeichen der völligen Unterwerfung zeigt der im Kampf um die Rangordnung unterlegene Boxer dem anderen die Kehle.

sich überlegen, ob Sie Ihren Hund in freier Wildbahn ohne Leine laufen lassen wollen.

Mein Tip: Ist Ihr Boxer auch noch so folgsam, müssen Sie dennoch damit rechnen, daß er einmal einem flüchtenden Wildtier hinterherläuft. Bleiben Sie in diesem Fall genau da stehen, wo er Ihnen davongelaufen ist. Laufen Sie ihm nicht nach. Ihr Boxer wird sich aufgrund seines guten Geruchssinnes orientieren und den Weg zu Ihnen zurückfinden.

Der Schutztrieb bezieht nicht nur die eigene Nachkommenschaft ein, sondern auch die Menschen des Boxers. Auf Spaziergängen wird er immer darauf achten, daß sein Menschrudel komplett ist. Insbesondere Kindern läßt er seinen Schutz angedeihen. Begegnen Sie anderen Leuten mit Hunden, wird Ihr Boxer äußerst aufmerksam. Er baut sich auf und sträubt die Haare. Ist die »Gefahr« – also der andere Hund – vorbei, läßt seine Anspannung wieder nach.

Der Betreuungs- und Pflegetrieb bezieht sich in erster Linie auf die Welpen, kann sich aber auch auf die Kleinsten in der Familie beziehen. Er äußert sich darin, daß der Hund leckt, und zwar vorzugsweise im Gesicht. Aus hygienischen Gründen sollten Sie das nicht zulassen. Denn auf diesem Wege kann Ihr Boxer leicht Krankheiten oder Würmer übertragen. Deshalb sollte er insbesondere auch nicht Ihre Kinder ablecken. Wenn Sie diese Gunstbezeugungen dennoch entgegennehmen wollen, bieten Sie Ihrem Boxer alternativ Ihr Ohr oder die Hände an.

Der Nahrungstrieb dient einzig der Selbsterhaltung. Daran ändert auch nichts, daß sich der Boxer als Haushund nicht mehr selbst versorgen muß, sondern von uns gefüttert wird.

Der Geschlechtstrieb dient ausschließlich der Erhaltung der Art und ist durch Erziehung nicht beeinflußbar.

Die sanfte Erziehung

Entwicklungsphasen

Um Ihren Boxer richtig erziehen zu können, müssen Sie zuerst etwas über seine Entwicklung erfahren. Sie verläuft in verschiedenen Phasen, die jeweils an ein bestimmtes Lebensalter gebunden sind. Es sind dies die

• vegetative Phase:
in der 1. und 2. Woche
• Übergangsphase:
in der 3. Woche
• Prägungsphase:
in der 4. bis 7. Woche
• Sozialisierungsphase:
in der 8. bis 12. Woche

In der Prägungsphase werden die Erfahrungen, die der Welpe macht, fest im Gedächtnis verankert. Was der Welpe in dieser Zeit gelernt hat, wird er demnach sein Leben lang behalten. Was er indessen nicht gelernt hat, kann er auch nie mehr nachholen.

In der Sozialisierungsphase ordnet der Hund sich in seine Umwelt ein. In dieser Zeitspanne kann daher die eigentliche Erziehung stattfinden. Aus diesem Grund geben die Züchter die Welpen ab der vollendeten 8. Woche ab.

Grundgehorsam

In jedem Fall braucht Ihr Boxer einen Grundgehorsam: Er muß die ihm zugewiesene Stellung kennen und sich dementsprechend verhalten.

Die Familie als Rudel. Da der Hund ein Rudeltier ist, begreift er auch seine Menschen, zusammen mit möglichen anderen Haustieren, als Rudel. Innerhalb dieses Mensch-Hund-Rudels wird auch Ihr Boxer instinktiv immer versuchen, eine Rangstufe höher zu steigen bis hin zum Anführer. Das zeigt sich beispielsweise darin, daß er versuchen wird, auf der Couch, dem Sessel oder im Bett zu liegen. Auf diese Weise will er sich gleichsetzen mit Ihnen. Das darf nicht sein.

Der Mensch als Rudelführer. Ein Familienmitglied muß das Rudel anführen. Im Hunderudel gibt es immer nur einen Führer, und diese Stelle müssen im Mensch-Hund-Rudel Sie einnehmen. Ihr Boxer wird das auch akzeptieren, wenn er von Anbeginn daran gewöhnt wird, sich unterzuordnen. In den verschiedensten Situationen werden Sie feststellen, daß er sich richtig freut, wenn er seine ihm zugewiesene Position in der Familie immer wieder bestätigt bekommt. Nur gilt es, ihn mit Konsequenz an diese Position heranzuführen.

Konsequenz ist die Grundlage

Die Erziehung Ihres Welpen setzt unmittelbar zu dem Zeitpunkt ein, zu dem Sie ihn zu sich nach Hause holen. Denn damit beginnt die Eingewöhnung in das Mensch-Hund-Rudel. Deren Ziel muß sein, daß Ihr Boxer sich in die Familie einordnet anstatt sie zu dominieren.

Regeln festsetzen: Klären Sie mit der Familie vorher ab, was Ihr Welpe darf und was absolut verboten für ihn ist. Beziehen Sie auch Ihre Kinder in diese Gespräche mit ein, denn nur durch konsequente Einhaltung der Regeln kann sich Ihr Welpe erfolgreich eingewöhnen. Alle Familienmitglieder sollten sich beispielsweise darüber einig sein, daß der Hund nichts am Tisch bekommt. Ein- oder zweimal vom Tisch ein Leckerchen – und der Hund wird zum ständigen Bettler, wenn die Familie ißt.

Regeln einhalten: Auch wenn Ihr Welpe noch so treu schaut, geben Sie nicht nach. Im Gegenteil: Wenn Ihr Boxer bei Tisch bettelt, ist ein scharf ausgesprochenes »Pfui« am Platz. Auch wenn Ihnen das hart erscheinen mag, werden Sie zugeben müssen, daß ein am Tisch sitzender sabbernder Hund nicht gerade ein schöner Anblick ist. Und wenn Sie Ihren Boxer einmal mit ins Restaurant nehmen müssen, werden Sie froh sein, wenn er brav unter dem Tisch liegt (→ Kommando »Platz«, Seite 30).

Lernfähigkeit

Der Boxer ist nicht ausschließlich von seinen Trieben gesteuert. Sonst könnte er auf seine Umwelt nicht angemessen reagieren. Seine Lernfähigkeit versetzt ihn in die Lage, sich auf neue Situationen einzustellen. Er lernt, indem er häufiger wiederkehrende Vorgänge und die dabei gemachten Erfahrungen miteinander verknüpft und in seinem Gedächtnis verankert. Deshalb müssen Sie ein Verhalten, das Sie Ihrem Hund antrainieren wollen, systematisch einüben. So können Sie ihm im Laufe der Zeit beibringen, bestimmte Kommandos zu befolgen.

Der Boxer lernt aber auch durch Beobachten in der beschriebenen Weise. Seine gute Beobachtungsgabe hilft ihm, immer wiederkehrende Situationen richtig einzuschätzen. Wenn etwa Herrchen oder Frauchen vor dem »Gassi-Gehen« regelmäßig einen Mantel und Schuhe anziehen, wird der Boxer irgendwann begreifen, daß ein Spaziergang bevorsteht. Nimmt sein Mensch dann auch noch die Leine vom Haken, weiß Ihr Boxer sofort, daß es gleich losgeht – und daß er mit darf.

Lob und Tadel

Belohnung: Bei allen Erziehungsübungen bedarf es immer eines Lobes oder besser noch eines Leckerchens als Belohnung. Denn so wird Ihr Boxer die von Ihnen erwünschte Handlung mit einer für ihn angenehmen Konsequenz verknüpfen – und sie mit der Zeit automatisch ausführen.

Wenn Sie Ihren kleinen Vierbeiner für alles, was er richtig macht, ausgiebig loben, erreichen Sie auf schnellstem Wege den größtmöglichen Erziehungserfolg.

Strafe: Wenn Ihr Boxer aber einmal gegen eine der vereinbarten Regeln verstoßen hat, müssen Sie ihn bestrafen. Achten Sie hierbei aber auf zwei Dinge:

• Ihr Welpe versteht die Zurechtweisung nur, wenn sie unmittelbar auf seinen Fehltritt folgt. Strafen Sie Ihren Welpen also ausschließlich, wenn Sie ihn auf frischer Tat ertappen. Auf diese Weise kann er seine »Untat« und ihr für ihn unangenehmes Nachspiel in Verbindung bringen.

• Versuchen Sie ferner, Ihren Boxer nach Hundeart zu strafen, indem Sie ihn schütteln (→ PRAXIS Erziehung, Seite 31).

Die menschliche Rede. Die beste Art, die Strafe oder das Lob auszusprechen, besteht darin, ganz normal mit Ihrem Boxer zu reden! Auch wenn er den größten Teil Ihrer Worte nicht verstehen kann, wird die Betonung Ihrer Worte, die Art wie Sie sprechen, ihn spüren lassen, was Sie ihm mitteilen möchten. Liebevoll ausgesprochene Sätze zeigen ihm, daß er etwas richtig gemacht hat. Hart ausgesprochene Worte, wie zum Beispiel »pfui« oder »nein«, signalisieren ihm, daß Sie unzufrieden mit ihm sind. Seien Sie aber nicht enttäuscht, wenn der Hund nicht gleich so reagiert, wie Sie sich das wünschen. Nur mit viel Geduld und Liebe fördern Sie die Bereitschaft Ihres Boxers, das rechte Verhalten zu erlernen.

Loben Sie Ihren Boxer überschwenglich, wenn er etwas besonders gut gemacht hat; strafen Sie ihn aber sofort, wenn er etwas »ausgefressen« hat – dann wird der Lernerfolg am größten sein.

Über Gestik und Stimmton teilt sich dem Boxer mit, was sein Herrchen von ihm will.

Leinenführigkeit
Zeichnung 1

Ihr Boxer muß auch lernen, an der Leine zu gehen. Er soll dabei auf gleicher Höhe mit Ihnen gehen und nicht an der Leine zerren.
In der Regel bereitet es keine große Mühe, den Welpen an Halsband und Leine zu gewöhnen. Um ihn mit seinem Halsband vertraut zu machen, legen Sie es ihm täglich mehrmals für kurze Zeit um. Loben Sie ihn, während er es trägt. Spielen Sie auch mit ihm, damit er abgelenkt ist und so sein Unbehagen schneller überwindet. Nach kurzer Zeit wird ihn das Halsband dann nicht mehr stören.
Nun befestigen Sie die Leine daran und gehen mit Ihrem Hund spazieren. Nehmen Sie die Leine in die linke Hand, und lassen Sie Ihren Boxer auch links von sich

gehen. Nur neben dem Fahrrad läuft der Hund aus Sicherheitsgründen (Straßenverkehrsordnung) rechts. Machen Sie Ihrem Boxer das Laufen an der Leine so angenehm als möglich: Loben Sie ihn oder geben Sie ihm ein »Leckerli«; für diese Art von »Bestechung« ist jeder Junghund empfänglich.
Mein Tip: Ziehen Sie nie den Welpen an der Leine hinter sich her, wenn er sich sträubt. Vor allem wenn dies häufiger geschieht, wird der Hund dieses Negativerlebnis mit der Leine verknüpfen und daher immer wieder versuchen, sich ihr zu entziehen.
In-die-Leine-Beißen: Sie sollten beim täglichen Spaziergang darauf achten, daß Ihr Boxer nicht in die Leine beißt. Das kann erstens zum Verlust eines Zahnes führen und ist außerdem für die Ausstellung von Nachteil (→ Ausstellung, Seite 59). Die Leine ist zudem kein Spielzeug, an dem Ihr Boxer nach Lust und Laune herumzerren darf. Sicherlich sieht es lustig aus, wenn sich der Welpe mit ganzer Kraft in die Leine stemmt, aber denken Sie daran, daß er auch größer und damit kräftiger wird. Dann ist es kein Spiel mehr, wenn er mit Ihnen spazieren geht, anstatt umgekehrt.

Kommando »Sitz«
Zeichnung 2

Auf diese Aufforderung hin soll sich der Boxer auf seine Hinterhand setzen. Diese Gehorsamsübung muß Ihr Hund ausführen, wenn Sie ihn anleinen möchten, ihm ein Leckerchen verabreichen wollen oder bevor sie mit ihm eine Straße überqueren. Fangen Sie die Übung im Zusammenhang

mit dem Verabreichen eines Leckerchens an. Lassen Sie Ihren Welpen aber erst sitzen, bevor er es bekommt. Sie werden feststellen, daß er das Kommando mit Aussicht auf die Belohnung ganz schnell ausführt. Wenn Ihr Boxer sich nicht auf Anhieb hinsetzt, helfen Sie mit sanftem Druck auf die Kruppe nach.

Kommando »Platz«
Zeichnung 3

Während das Sitzen auf Kommando nur bei kurzen Stopps ausgeführt werden soll, ist die Position »Platz« für längere Zeiträume gedacht. Ihr Boxer soll sie ausführen, wenn Sie ihn für kurze Zeit beim Einkaufen vor einem Geschäft alleinlassen oder wenn Sie bei Tisch sitzen.
Auf das Kommando »Platz« hin soll sich der Hund hinlegen, und zwar so, daß seine Hinterläufe angewinkelt und seine Vorderläufe ausgestreckt sind. Diese Gehorsamsübung können Sie einem Welpen noch nicht bei-

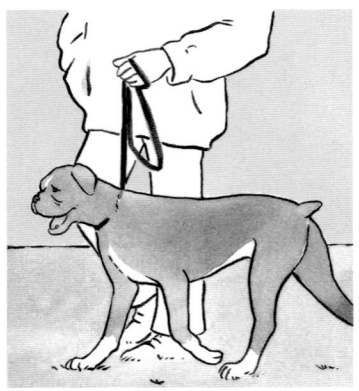

1⌋ *Der angeleinte Hund geht links und ohne an der Leine zu zerren gleichauf mit dem Menschen.*

2⌋ *Das Kommando »Sitz« können Sie mit sanftem Druck auf die Kruppe unterstützen.*

3| Auf das Kommando »Platz« hin muß der Boxer sich so hinlegen.

bringen. Doch als Junghund, also spätestens mit 6 Monaten, kann der Boxer sie beherrschen.

Beim Lehren dieser Übung müssen Sie damit rechnen, daß Ihr Boxer sich anfangs weigert. Helfen Sie dann einfach ein wenig nach, indem Sie ihn auf den Zuruf »Platz« an der Leine ohne Gewalt in Richtung Boden ziehen. Und natürlich gilt wie für alle anderen Übungen auch: Jedes erfolgreich ausgeführte Kommando wird mit einer Belohnung bedacht.

Unarten abgewöhnen

Anspringen: Ein leidiges Thema ist das Anspringen, das für Boxer typisch ist. Aus Freude und aufgrund ihres überschäumenden Temperaments springen Boxer an ihren Lieben hoch. Sie müssen Ihrem Boxer verständlich machen, daß er sich auch auf allen Vieren freuen kann. Springt er Sie an, drücken Sie ihn nach unten und streicheln ihn dort. Unterstützen Sie das mit den Worten »Schön unten bleiben« oder »Nicht anspringen«. Bitten Sie auch alle Familienmitglieder und Freunde,

genauso zu verfahren. Hat sich Ihr Boxer erst einmal das Anspringen angewöhnt, werden Sie Schwierigkeiten haben, es ihm wieder auszutreiben. Angeraten ist dies jedoch. Denn unter Umständen kann es Ihnen sonst passieren, daß Ihr Boxer beim Spaziergang einen Passanten anspringt. Das kann zu Unannehmlichkeiten und auch zu Kosten führen.

Einrichtung beschädigen: Ihr Boxer muß lernen, daß er Türen nicht zerkratzen, Möbel nicht annagen und andere Einrichtungsgegenstände, wie beispielsweise Teppiche, nicht zerbeißen darf.

4| Um ein Fehlverhalten zu tadeln, den Boxer am Nackenfell festhalten und schütteln.

Wenn Sie ihn dabei erwischen, wie er sich genüßlich an einem Tischbein zu schaffen macht, schütteln Sie ihn (→ Strafen, unten) und unterstützen dies mit einem scharfen »Pfui ist das«. Damit er nicht wieder in Versuchung gerät, geben Sie ihm Spielzeug, mit dem er sich beschäftigen kann.

Strafen

Zeichnung 4

Wenn Ihr Boxer etwas »ausgefressen« hat, müssen Sie ihn bestrafen. Wichtig ist dabei die prompte Bestrafung in unmittelbarem Zusammenhang mit der verbotenen Handlung (→ Sanfte Erziehung, Seite 28). Am besten erfolgt die Bestrafung auf Hundeart: Hundemütter nehmen ihre Welpen in solchen Fällen am Genick und schütteln sie. Diese Form der Bestrafung kennt der Welpe also. Verfahren Sie ebenso. Nehmen Sie das Nackenfell Ihres Boxers zwischen Daumen und Zeigefinger und schütteln Sie ihn einige Male. Unterstützend können Sie noch »Pfui« sagen und in tadelndem Ton auf Ihren Hund einreden.

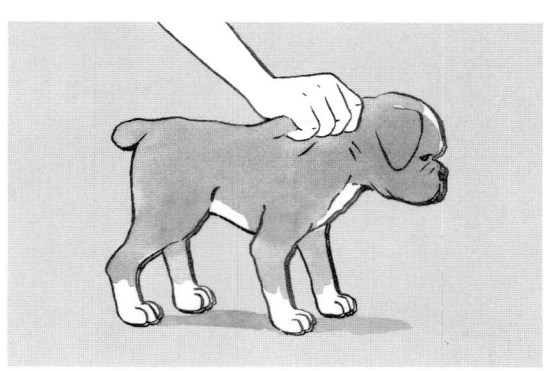

Boxer brauchen Arbeit

Jeder Hund braucht eine sinnvolle Beschäftigung, damit er sich nicht überflüssig vorkommt und abstumpft. Wird er nicht beschäftigt, läßt er seine überschüssige Energie und seine Langeweile möglicherweise an Ihren Möbeln aus. Der Boxer ist aufgrund seiner Kondition und seines Temperaments für viele Beschäftigungen geeignet.

So halten Sie Ihren Boxer fit und bei Laune

Spielen mit Kindern ist für den Boxer stets eine Freude. Denn Kinder sind seine liebsten Spielgefährten. Ein Welpe und später der ausgewachsene Hund wird sich automatisch zu ihnen hingezogen fühlen. Mit Kindern läßt es sich herrlich balgen, Wettrennen veranstalten, Ball spielen. Ein Boxer, der von Anbeginn den Umgang mit Kindern gewöhnt ist und keine negativen Erfahrungen gemacht hat, wird sein Leben lang gern mit ihnen spielen.

Mein Tip: Sie werden feststellen, wie behutsam der Hund mit den Kleinen

umgeht, wie er genau den Unterschied zwischen Erwachsenen und Kindern erkennt. Lassen Sie trotzdem kleine Kinder nicht mit einem ausgewachsenen Boxer allein spazieren gehen.

Spielen mit anderen Hunden ist für Ihren Boxer Training in doppelter Hinsicht. Dabei kann sich Ihr Hund nicht nur austoben, sondern solche Begegnungen fördern auch den Sozialkontakt (→ Eingewöhnung des Welpen, Seite 23).

Fahrrad fahren können Sie mit einem Boxer als Begleiter, sobald er ausgewachsen ist. Aufgrund seiner Ausdauer und Laufbereitschaft ist er ein ausgezeichneter Partner auf Radtouren. Selbstverständlich müssen Sie ihn langsam an diese Art der Bewegung heranführen. Beginnen Sie also mit 3 Kilometern und steigern Sie dann allmählich auf Strecken von 10 Kilometern Länge.

Joggen Sie gern? Dann tun Sie es zusammen mit Ihrem Boxer! Vielleicht ist seine Kondition dabei ein Ansporn für Sie selbst. Ihrem Boxer wird es jedenfalls sehr viel Spaß machen, mit Ihnen gemeinsam zu laufen. Im übrigen spielt es im Prinzip keine Rolle, welche sportliche Betätigung Sie betreiben, für Ihren Hund ist nur eines wichtig, nämlich dabeizusein.

Schwimmen ist für manche Boxer ein Vergnügen. Sie sind zwar keine ausdauernden Schwimmer, aber in der Sommerhitze gehen sie ab und zu ganz gern ins kühle Naß. Mit besonderem Vergnügen tun sie das mit Herrchen oder Frauchen.

Wachen: Wenn Sie einen Garten oder einen Hof haben, werden Sie den Boxer als Wächter erleben. Er liegt zwar nur da und beobachtet. Dennoch ist er bei dieser Tätigkeit ganz bei der Sache und in seinem Element. Der Boxer ist übrigens kein Kläffer und wird nicht jeden auf der Straße anbellen, der sein Revier

Bei der Arbeit mit dem Bringholz ist der Boxer unermüdlich.

Die Ausbildung auf dem Hundeübungsplatz berücksichtigt das Können des Boxers.

passiert. Aber wer an einem Grundstück vorbeigeht, das von einem Boxer bewacht wird, überlegt sich, ob er dort unangemeldet hineingeht.
Übungen wie »Sitz« oder Stöckchen werfen sollten Sie auf dem täglichen Spaziergang immer einbauen.

Agility und Ausbildung im Hundeverein

Wenn Sie gezielt Übungen mit Ihrem Boxer absolvieren und auch noch mehr Beschäftigungsmöglichkeiten kennenlernen wollen, können Sie einen Hundeverein aufsuchen. Die Adresse eines in Ihrer Nähe befindlichen Boxerplatzes erhalten Sie vom Boxer-Klub e. V. München (→ Adressen, Seite 62).
Agility – Training mit dem Partner: Viele Hundevereine bieten inzwischen Agility an. Bei dieser Form des Hundesports absolvieren Mensch und Hund gemein-sam bestimmte Übungen, bisweilen auch im Wettstreit mit anderen Boxern und ihren jeweiligen Besitzern (→ PRAXIS Ausbildung, Seite 34). Um das dafür erforderliche partnerschaftliche Verhältnis zwischen Hund und Besitzer herzustellen, bedarf es des unbedingten Vertrauens zwischen beiden.
Ausbildung – Schulung von Charakter und Körper: Auf dem Hundeübungsplatz können Sie Ihren Boxer auch zum Begleit- oder Schutzhund ausbilden (→ PRAXIS Ausbildung, Seite 35). Dazu ist allerdings die Mitgliedschaft in einem Verein erforderlich; außerdem muß Ihr Boxer mindestens 1 Jahr alt sein. Die Programme umfassen genau festgelegte Übungen, die allesamt die Bereitschaft des Boxers zur Unterordnung fördern. Sie finden in der Gruppe unter der Anleitung eines erfahrenen Ausbildungswartes statt.

PRAXIS
Ausbildung

Wenn Ihnen die Ausbildung des Boxers als Gebrauchshund nicht genug ist und Sie selbst sich sportlich betätigen wollen, besteht die Möglichkeit, in einem Hundesportverein Agility zu betreiben (→ Adressen, Seite 62).

Agility
Agility kommt aus England und bedeutet soviel wie Geschicklichkeit. Der Ausdruck steht für ein Fitneß-Programm, bei dem Hund und Mensch gemeinsam einen Parcours durchlaufen. Diese Trainingsstrecke ist mit Hindernissen ganz unterschiedlicher Art bestückt. Sie sind aus den verschiedenen Bereichen des Hundesports und auch aus dem Reitsport übernommen worden.
Der Boxer und sein Halter müssen den Parcours innerhalb einer bestimmten Zeit bewältigen. Sie sollen dabei keine Fehler an den Hindernissen machen.
Diese Form des Hundebreitensports setzt absolute Wesensfestigkeit und auch Gehorsam des Boxers voraus, denn bei allen Übungen und auch im Wettbewerb läuft der Boxer zusammen mit seinem Menschen ohne Leine und Halsband.

Hindernisse im Parcours
Zeichnung 1
Zu den Hindernissen, die es im Rahmen des Agility zu überwinden gilt, gehört es beispielsweise, auf Holzplanken zu balancieren, einen mit Stöckchen gesteckten

Kurs im Slalom zu durchlaufen und durch einen Tunnel hindurchzukriechen.
Schrägwand überwinden. Zu den gängigen Hindernissen, die es zu meistern gilt, gehört die Schrägwand. Der Boxer muß hierbei selbständig eine schräge Rampe erklimmen und auf der anderen Seite wieder hinablaufen (→ Zeichnung 1). Sein Besitzer läuft währenddessen auf gleicher Höhe an dem Hindernis vorbei. Soll der Boxer zum ersten Mal dieses Hindernis überqueren, wird er am besten an der Leine geführt. Beim zweiten Mal jedoch sollte er das Hindernis bereits meistern, ohne angeleint zu sein.

Ausbildung
Wenn Sie der Meinung sind, daß Ihr Boxer zusätzlich zu seiner Er-

1 Den Boxer anleinen, wenn er zum ersten Mal die Schrägwand überwindet.

ziehung eine regelrechte Ausbildung braucht, sollten Sie mit ihm auf den Hundeübungsplatz gehen (→ Ausbildung im Verein, Seite 33).

Die Prüfungen: Es gibt mehrere Prüfungen, die Ihr Boxer dort ablegen kann; ihre Bezeichnung wird oft abgekürzt:
• Zuchttauglichkeitsprüfung: ZTP Sie ist Bedingung für die Zulassung zur Zucht. Daher werden in ihr die Wesensmerkmale des Boxers überprüft. Sie gilt allerdings nur in Verbindung mit einer bestandenen
• Ausdauerprüfung: AD
Der Hundeführer muß dabei eine Strecke von 20 km auf dem Rad absolvieren, wobei er seinen angeleinten Boxer trabend neben sich herführt.
• Fährtenhundprüfung: FH
• Begleithundprüfung: BH
(→ Seite 35)
• Schutzhundprüfungen : SchH 1, 2 und 3 (→ Seite 35)
Beim VDH (= Verband für das

2 Der Boxer darf nicht aufspringen, wenn er den Sichtkontakt zu seinem Menschen verliert.

Deutsche Hundewesen, → Adressen, Seite 62) ist eine Prüfungsordnung erhältlich; sie gilt für alle Gebrauchshunderassen, zu denen auch der Boxer zählt.

3⌐ Der Hund muß liegen bleiben, auch wenn sein Mensch sich entfernt und ein anderer Hund in der Nähe ist.

ist, auch 3 Stunden alte Fährten deutlich auszuweisen.

Unterordnungsleistungen: Dazu zählen neben den auch in der Begleithundprüfung verlangten Fertigkeiten Übungen mit einem höheren Schwierigkeitsgrad, wie beispielsweise das Überspringen einer 1 m hohen Hürde mit und ohne Bringholz sowie das Überwinden einer 1,80 m hohen Schrägwand.

Schutzdienst: Der Boxer lernt hier, seinen Herrn vor dem Angriff eines anderen Menschen zu schützen. Dabei muß er den Angreifer verbellen und in Schach halten, ohne ihn körperlich anzugreifen.

Apportieren gehört ebenfalls zum Standardprogramm der Schutzhundprüfungen. Bei dieser Übung bringt der Boxer ein sogenanntes Bringholz, das sein Besitzer wegschleudert, wieder zu ihm zurück (→ Zeichnung 4). Zu Beginn der Übung muß der Boxer neben seinem Menschen »Sitz« machen. Dann schleudert dieser das Bringholz weit von sich. Erst wenn es zu Boden gefallen ist, darf der Boxer losstürmen und es holen. Er muß es anschließend vor seinem Menschen ablegen.

Die Begleithundprüfung

Zeichnung 2 und 3

Sie sollte von jedem Hundeführer, der regelmäßig mit seinem Boxer arbeitet, angestrebt werden. Um sie zu bestehen, muß der Boxer seine Leinenführigkeit unter Beweis stellen, die Sitz- und die Platzübung beherrschen (→ jeweils PRAXIS Erziehung, Seite 30) und frei bei Fuß folgen können.

Ablegen unter Ablenkung ist eine weitere Übung im Rahmen der Begleithundprüfung. Damit ist die Position »Platz« gemeint und das Beibehalten dieser Position, während der Boxerbesitzer sich entfernt und gleichzeitig ein anderer Halter mit seinem Boxer vorbeigeht (→ Zeichnung 3).

Ablegen und Außer-Sicht-Gehen ist eine Übung, bei der der Hund »Platz« macht, während sein Besitzer sich von ihm entfernt und hinter einem Paravent verschwindet (→ Zeichnung 2). Auch hier kommt es darauf an, daß der Boxer seine Stellung unbeirrt beibehält, auch wenn er seinen Menschen nicht mehr sieht.

Ein weiterer Prüfungsteil findet außerhalb des Hundeübungsplatzes statt. Dabei muß der Boxer zeigen, daß er sich auch im Straßenverkehr situationsgerecht bewegen kann.

Die Schutzhundprüfungen

Zeichnung 4

Sie unterteilen sich in die 3 Einzelprüfungen SchH 1, 2 und 3. Teilnahmevoraussetzung ist die bestandene Begleithundprüfung sowie ein Mindestalter von 18 Monaten. Jede der Prüfungen umfaßt:

Fährtenarbeit: In diesem Prüfungsteil muß der Boxer unter Beweis stellen, daß er in der Lage

4⌐ Während das Bringholz geworfen wird, muß der Boxer sitzen. Erst wenn es liegt, darf der Hund losstürmen und es holen.

Das Zukehren des Bauches ist ein sehr großer Vertrauensbeweis.

Geregelter Tageslauf und neue Erfahrungen

»Stundenplan« einhalten: Bei allen Aktivitäten, die Sie unternehmen, um Ihren Boxer zu beschäftigen, ist wichtig, daß sie regelmäßig stattfinden. Ihr Hund wird sich an den geregelten Tagesablauf gewöhnen. Bald kennt er die Zeiten, zu denen er gefüttert wird, und wann es Zeit ist für den Spaziergang. Darauf wird er dann warten.

Ungewohnte Situationen proben: Ebenso wichtig ist es, Ihren Boxer an möglichst unterschiedliche Situationen heranzuführen. Er wird daraus lernen und so die gewünschte Wesensstärke bekommen. Ein Hund, der sich vor allem fürchtet, kann schnell zu einem Angstbeißer werden.

Wenn Sie auf dem Land wohnen, nehmen Sie Ihren Boxer also einfach einmal mit in die Stadt. An diese neue Situation wird er sich sehr gut gewöhnen. Er wird lernen, mit dem Lärm, den Autos und den vielen Menschen umzugehen.

Tägliche Pflege und Kontrolle

Ihr Boxer bedarf einer täglichen Pflegeprozedur. Daran müssen Sie bereits den Welpen gewöhnen. Wahrscheinlich ist er aber durch den Züchter bereits damit vertraut. Denn bei ihm wurde er ja täglich gewogen und gesäubert. In jedem Fall ist es ganz wichtig, daß sich Ihr Hund von Ihnen alle Maßnahmen zur Pflege gefallen läßt. Hierzu zählt auch, daß Sie ihm in den Fang greifen können. Sie müssen jederzeit in der Lage sein, ihm etwas aus dem Fang nehmen zu können. Es muß auch möglich sein, ihm Tabletten oder Tropfen einzugeben (→ PRAXIS Gesundheit, Seite 54).

Die tägliche Pflege des Boxers erstreckt sich auf das Fell, die Augen, die Ohren, die Krallen und die Kontrolle auf Ungeziefer (→ PRAXIS Pflege, Seite 38/39). In erster Linie ist dieses tägliche Pflege-Programm für das Wohlbefinden des Boxers gedacht. Es fördert zugleich aber auch den Kontakt zu seiner Bezugsperson.

Routineuntersuchung

Doch noch eine weitere Aufgabe kann mit den Maßnahmen zur Hygiene verbunden werden: die regelmäßige Untersuchung auf eventuell vorliegende Krankheiten. Jeder, der sich mit seinem Boxer intensiv beschäftigt, sieht es ihm schon an, ob er sich richtig wohl fühlt. Doch insbesondere bei den täglich anfallenden Handgriffen der Pflege haben Sie sehr gut die Möglichkeit, genau auf Anzeichen einer Gesundheitsstörung zu achten. Überprüfen Sie am besten jedes Mal folgende Punkte:

• Sind die Augen klar und rein oder kommt es zu Verklebungen? Tränen sie oder sind sie gerötet?
• Sind die Ohren frei von Parasiten?
• Ist das Fell glänzend und gut anliegend oder ist es stumpf beziehungsweise hat es gar kahle Stellen?
• Hat der Boxer Zecken oder Flöhe (→ Flöhe und andere Parasiten, Seite 40)?
• Ist das Tier lustlos oder träge?

Mein Tip: Suchen Sie mit Ihrem Boxer den Tierarzt auf, sobald Sie krankhafte Veränderungen wahrnehmen. Tun Sie dies in jedem Fall, wenn Sie die Ursache nicht eindeutig identifizieren können, wie zum Beispiel bei Durchfall, Erbrechen und Parasiten (→ Krankheitsanzeichen erkennen, Seite 50).

Wiegen

Beim Züchter wird der Boxer täglich gewogen. Das ist bei Ihnen dann nicht mehr nötig. Es sei denn, Sie stellen einen enormen Gewichtsverlust fest. Ebenfalls kann das Wiegen bisweilen beim Tierarzt oder vor einer Narkose unumgänglich sein.

Das Besteigen der Waage ist für den Boxer kein unangenehmes Gefühl, wenn er von klein auf daran gewöhnt ist. Solange er sich noch im Wachstum befindet, können Sie sich auch mit ihm zusammen wiegen. Einen ausgewachsenen Rüden von etwa 38 kg werden Sie dann allerdings allein auf die Waage stellen müssen.

Die Pflege Ihres Boxers ist nicht sehr zeitraubend, aber sie muß regelmäßig erfolgen und sorgfältig durchgeführt werden.

Kontrolle der Augen

Die Augen eines Boxers müssen klar sein. Gerade beim Boxer sind sie etwas empfindlich. Bei Zug, zum Beispiel durch Autofahrten mit offenen Fenstern, kommt es leicht zu einer Bindehautentzündung: Das betroffene Auge fängt dann zu tränen an. Die Entzündung läßt sich mit einer entsprechenden Salbe heilen.

»Offene« Augen: Manche Boxer leiden unter dieser Erscheinung, bei der das untere Augenlid etwas nach unten hängt. Deshalb wird, eventuell noch zusätzlich verursacht durch Zug, verstärkt Tränenflüssigkeit abgesondert. So entsteht ein Tränenfluß. Wird er chronisch, kann es im Bereich der

1 Die Ohren mit einem Tuch säubern, das in Öl getränkt wurde.

Fangpartie zu Hautreizungen und Haarausfall kommen.

Stellen Sie diese Symptome fest, lassen Sie die Augen beim Tierarzt untersuchen. Er wird spezielle Salben verschreiben. Die Augen müssen vor ihrer Anwendung ganz vorsichtig und ohne zu reiben mit einem feuchten Tuch gesäubert werden.

Säubern der Ohren
Zeichnung 1

Die Ohren müssen regelmäßig kontrolliert und bei Verschmutzung etwa durch Ohrenschmalz und Dreck gesäubert werden. Einige Boxer neigen zu starker Absonderung von Ohrenschmalz, manche überhaupt nicht.

Zum Säubern der Ohren verwenden Sie am besten ein in Öl getränktes Tuch. Sie können hier auf die Tücher, die für die Babypflege benutzt werden, zurückgreifen. Benutzen Sie keine Wattestäbchen, um tiefer in das Ohr einzudringen. Das Innere des Ohres ist äußerst empfindlich und könnte durch sie leicht verletzt werden.

Bedingt durch das kurze Schlappohr hat der Boxer ohnehin nicht oft Schmutz im Ohr. Aber gerade beim Schlappohr sollte die Ohrenkontrolle häufiger durchgeführt werden. Durch die schlechtere Belüftung kann es leichter zu Entzündungen kommen. Sie müssen dann tierärztlich behandelt werden.

Ihr Boxer kann auch unter Ohrmilben leiden (→ Parasiten, Seite 41). Er wird sich dann ständig an den Ohren kratzen und schaben. Suchen Sie den Tierarzt auf. Nur er hat die entsprechen-

den Präparate, die helfen und heilen.

Den Fang säubern
Zeichnung 2

Die Lefzen sollten nach jedem Fressen gesäubert werden. So läßt sich vermeiden, daß sich in ihren Falten Futterreste festsetzen, die möglicherweise Entzündungen herbeiführen. Waschen Sie diese Falten deshalb gründlich aus. Benutzen Sie dazu ein Handtuch, mit dem Sie dem Boxer den Raum zwischen Lefzen und Zahnreihe auswischen. Verwenden Sie am besten klares

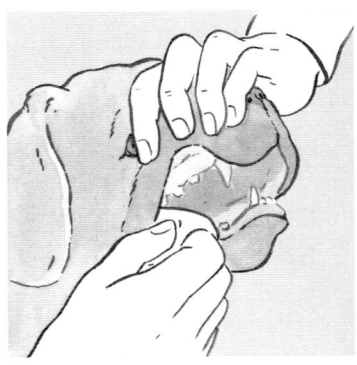

2 Nach dem Fressen das Maul mit einem weichen Lappen reinigen.

Wasser und keine parfümhaltigen Seifen.

Mit dieser Prozedur vermeiden Sie, daß sich Ihr Boxer die Schnauze an Ihren Polstermöbeln und Kleidungsstücken reinigt.

Reinigung der Pfoten

Die Pfoten sollten Sie öfters kontrollieren. Vor allem nach einem Spaziergang im Winter ist das unbedingt notwendig. Denn

Streusalz, Sand und Splitt greifen sonst die Haut an.

Kontrollieren Sie ansonsten bei der regelmäßigen Pfotenpflege die Zwischenräume der Zehen. Entfernen Sie kleine Steinchen und sonstigen Schmutz, sonst kommt es leicht zu kleinen Verletzungen an den Zehenballen, die sich entzünden können.

Die Krallen lassen Sie besser vom Tierarzt schneiden. Nur er kann genau feststellen, wo noch Leben im Nagel ist und wo bereits das abgestorbene Horn beginnt. Läuft Ihr Hund öfters auf Beton, schleifen sich die Krallen im übrigen ganz von selbst ab.

Die Ballen brauchen keine besondere Pflege. Sie können sie aber im Winter mit Melkfett oder Hirschhorntalg einschmieren, damit sie geschmeidig bleiben. Aber verwenden Sie nicht zuviel dieser Feuchtigkeitsspender. Die Ballen werden sonst zu weich und können einreißen.

Fellpflege
Zeichnung 3 und 4

Das Fell pflegen Sie alle paar Tage mit einer Gummikardätsche, einer guten Bürste und einem Lederlappen (→ Zeichnung 3).
• Mit der Gummikardätsche bürsten Sie gegen den Strich (→ Zeichnung 4). Rubbeln Sie Ihren Boxer damit richtig durch. Die abgestoßenen Haare bleiben zum größten Teil in der Kardätsche hängen.
• Die Bürste nehmen Sie zum Nachbürsten.
• Zum Schluß reiben Sie Ihren Boxer noch mit dem Lederlappen ab.
Gebürstet werden auch der

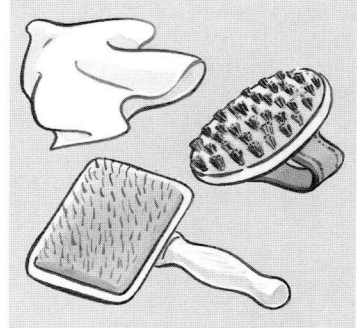

_3_ Utensilien zur Fellpflege: Lederlappen, Bürste, Gummikardätsche.

Bauch, der Hals und die Innenschenkel. Die intensive mechanische Bearbeitung des gesamten Fells regt die Durchblutung der Haut an. Das Fell erhält in der Folge einen samtweichen Glanz.

Wechsel des Haarkleids: Zweimal im Verlauf eines Jahres findet beim Boxer ein Haarwechsel statt. Der Boxer hat nämlich nicht wie beispielsweise der Schäferhund oder der Rottweiler eine Unterwolle, die ihn vor Temperaturunterschieden schützt.

Wenn Sie zu Beginn der kalten oder der warmen Jahreszeit einmal gegen den Haarstrich greifen, werden Sie erstaunt sein, wie viele Haare sich lösen. Um sich in dieser Zeit die Arbeit zu ersparen, sie dauernd von Möbeln und Kleidung zu entfernen, bürsten Sie Ihren Hund täglich ab.

Baden
Wann? Gebadet wird der Boxer generell nur, wenn es unbedingt notwendig ist. Dies ist beispielsweise der Fall, wenn zu einer

starken Verschmutzung noch ein unangenehmer Geruch dazukommt. Mit dem Baden sollten Sie deshalb so zurückhaltend sein, weil jedes Bad den natürlichen Schutzmantel der Haut angreift. Beim Boxer genügt – bedingt durch sein kurzes Haarkleid – im übrigen in der Regel das Abreiben nach jedem Spaziergang mit einem Lederlappen (→ Zeichnung 3) oder Handtuch.

Wie? Wenn Sie Ihren Boxer baden, benutzen Sie ein mildes Hundeshampoo. Anschließend muß das Tier gründlich abgespült werden. Das Shampoo darf nicht in Augen, Ohren und den Fang gelangen, denn es greift die Schleimhäute an. Zum Schluß wird der Boxer gut abgetrocknet und darf danach einige Stunden nicht hinaus. Er könnte sich sonst leicht erkälten.

Hinweis: Ein Welpe wird bis zur Vollendung des 1. Lebensjahres überhaupt nicht gebadet. Bei ihm sollten Verschmutzungen mit Baby-Öl beseitigt werden.

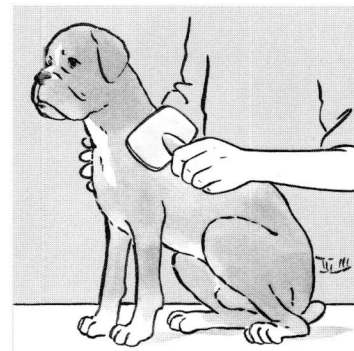

_4_ Das Fell des Boxers mit der Gummikardätsche kräftig gegen den Strich bürsten.

Der Boxer ganz in seinem Element: Neugierig Unbekanntes erkunden...

Flöhe und andere Parasiten

Parasiten sind Organismen, die sich auf Kosten anderer Lebewesen ernähren. Sie befallen auch Boxer. Stellen Sie bei Ihrem Boxer Parasiten fest, müssen Sie ihn sofort behandeln.

Würmer: Sie können Erbrechen, Durchfall und Gewichtsverlust verursachen. Bei Welpen führen sie auch zu Wachstumsstörungen. Ein sicheres äußeres Zeichen für Wurmbefall ist der übermäßig aufgeblähte Bauch des Welpen. Den Wurmbefall werden Sie am ehesten im Kot feststellen. Dort können Sie die kleinen weißen Eier oder auch die Würmer selbst erkennen.

Behandlung: Sofort eine tierärztliche Behandlung einleiten.

Mein Tip: Würmer werden je nach Art nicht nur durch Nahrungsmittel, sondern vor allen Dingen auch durch das Riechen an anderen Hundehaufen übertragen. Gewöhnen Sie das Ihrem Boxer daher von vornherein ab.

Flöhe: Flöhe ernähren sich vom Hund, indem sie ihn beißen und sein Blut saugen. Ihre Bisse führen oft zu zu starkem Juckreiz und insbesondere Hautinfektionen. Aufgebissene und aufgekratzte Stellen sind der ideale Nährboden für Krankheitserreger. Da der Floh von Hund zu Hund wandert, ist zudem eine Übertragung von Krankheiten nicht auszuschließen. Der Floh liebt das warme Klima; doch unabhängig von der Jahreszeit können Flöhe im Sommer wie im Winter auftreten.

Wenn sich Ihr Boxer ständig kratzt, hat er wahrscheinlich Flöhe. Mit einem genauen Blick auf das Fell können Sie das überprüfen. Tun Sie das regelmäßig. Flöhe können Sie mit bloßem Auge erkennen.

Behandlung: Der Fachhandel bietet ver-

... und dann hinein ins kühle Naß!

schiedene Sprays oder Puder an, mit denen Sie den Hund einsprühen können. Auch durch ein warmes Bad mit einem darauf ausgerichteten Shampoo können Sie die Flöhe vertreiben. Ebenso können Sie auch ein Flohschutzhalsband anlegen. Doch Vorsicht: Einige Hunde reagieren allergisch darauf.

Mein Tip: Behandeln Sie auch immer den Liegeplatz mit entsprechenden Sprays. In Decken und Laken nisten sich Flöhe mit ihrer Brut gern ein.

<u>Zecken:</u> Diese Parasiten treten meist im Frühjahr auf. Sie beißen sich in der Haut des Boxers fest und saugen sich mit Blut voll. Dabei nehmen sie um das 5fache ihrer ursprünglichen Größe zu. Sie sollten Ihren Hund nach jedem Spaziergang auf Zecken untersuchen.

<u>Behandlung:</u> Wenn Sie eine Zecke finden, entfernen Sie sie sofort durch Herausdrehen. Im Fachhandel gibt es spezielle Zeckenzangen, mit denen das mühelos möglich ist. Das Wichtigste beim Entfernen ist, daß der Kopf der Zecke mit herausgedreht wird, da sonst Entzündungen auftreten können. Falls dies einmal passiert, suchen Sie bitte sofort Ihren Tierarzt auf.

<u>Milben:</u> Sie sind am häufigsten an Hals, Ohren und Läufen, aber auch an den Augen anzutreffen. Die äußeren Anzeichen für einen Befall sind häufiges Kratzen, Haarausfall und schuppige Haut.

<u>Behandlung:</u> Bringen Sie Ihren Hund beim Verdacht auf Milben zum Tierarzt. Nur er kann feststellen, um welche Milbenart es sich handelt, und eine Behandlung einleiten.

Mein Tip: Erkundigen Sie sich vor einer Auslandsreise, welche Parasiten Ihrem Hund am Zielort gefährlich werden können, und bitten Sie Ihren Tierarzt um entsprechende Medikamente.

Die richtige Ernährung

In diesem Kapitel geht es um die Ernährung des ausgewachsenen Hundes. Über die Welpenernährung wissen Sie bereits Bescheid (→ Die Vorteile des Kaufs beim Züchter, Seite 16). Die Ernährung der trächtigen und der Milch gebenden Hündin ist ein spezielles Thema und kann in entsprechender Literatur nachgelesen werden (→ Literatur, die weiterhilft, Seite 62/63).

Fertigfutter

Die einfachste Möglichkeit, Ihren Boxer ausgewogen und artgerecht zu ernähren, bietet Fertigfutter. Wenn Sie sich an die auf der Packung angegebene Futtermenge pro Tag halten, können Sie sicher sein, daß er alle Vitamine, Mineralien, Spurenelemente, Proteine und sonstigen wichtigen Zusatzstoffe in der richtigen Menge und Zusammensetzung erhält.

Fertigfutter hat noch einen weiteren Vorteil. Die meisten Produkte dieser Art können Sie entweder feucht oder trocken füttern. Daher sind sie gut zur Mitnahme auf Reisen geeignet.

Mein Tip: Vor allem während der Sommermonate empfiehlt es sich, trocken zu füttern. Denn so vermeiden Sie Geruchsbildung, die Fliegen und anderes Getier anzieht.

Beim Futterkauf beachten

Im Handel ist eine Vielzahl von Fertigfutter-Produkten verschiedener Hersteller erhältlich. Das optimale Futter enthält

• keine Geschmacks- und Duftstoffe; sie verleiten den Hund zu übermäßiger Freßgier, die letztlich zu gesundheitsschädlichem Übergewicht führt;

• keine Konservierungsmittel (Antioxidantien); sie dienen dazu, das im Futter befindliche Fett haltbar zu machen, können aber allergische Reaktionen auslösen;

• keine Farbstoffe; sie sind eher für das Auge des Käufers gedacht – der Boxer legt keinen Wert auf bunte Gemüseflocken.

Qualität kaufen: Sparen Sie auch nicht. Ein gut aufbereitetes und ausgewogenes Fertigfutter hat seinen Preis. Wenn Sie ein minderwertiges Futter kaufen, kann es sein, daß Ihr Boxer es nicht frißt. Das richtige Futter haben Sie, wenn Ihr Boxer gedeiht, zunimmt und keinen Durchfall hat.

Frischfutter

Möglicherweise mundet Ihrem Boxer das Fertigfutter nicht immer. Wenn er Gourmet ist und ab und zu etwas Besonderes in seinem Napf haben möchte, haben Sie keine andere Möglichkeit als Frischfutter zu füttern, das Sie selbst zubereiten müssen. Dies ist nicht ganz so einfach, denn:

• Sie brauchen eine Bezugsquelle. Nicht jeder Metzger gibt sogenannte Abfallprodukte aus seiner Schlachtung ab.

• Sie müssen die notwendigen Vitamine, Spurenelemente und Mineralstoffe dem Futter in der richtigen Menge und Zusammensetzung zusetzen.

• Das Futter muß gekocht oder zumindest überbrüht werden, um Viren abzutöten – das ist aber vom Geruch her nicht jedermanns Sache.

Menüplan bei Frischfutter

Fleisch sollten Sie unbedingt in kontrollierter Qualität kaufen. Sie bekommen es als Frischfleisch entweder bei Ihrem Metzger oder aber meist tiefgefroren in größeren Zooläden. Frierfleisch hat den Vorteil, daß es portionsgerecht abgepackt und geschnitten ist. Sie brauchen es nur noch portionsweise aufzutauen, zu kochen oder zu überbrühen und mit den Zutaten zu versehen. Füttern können Sie Rinder-, Lamm-, Geflügel- und Wildfleisch.

Vorsicht: Schweinefleisch sollte – wenn überhaupt – nur abgekocht, am besten aber gar nicht verwendet werden. Es könnte das tödliche Schweinevirus enthalten.

Fisch können Sie zusätzlich füttern. Er ist ein hochwertiger Eiweißlieferant.

Milchprodukte: Quark und Hüttenkäse sind ebenfalls eine vorzügliche Ergänzung. Auch Kuhmilch ist für den Hund ein wertvolles Nahrungsmittel. Am besten reichern Sie die Milch mit einem Teelöffel Honig an und verabreichen sie lauwarm.

Hinweis: Verwenden Sie aber nur fettarme Milch, sonst bekommt Ihr Boxer Durchfall.

Eier: Ein Eigelb oder ein hartgekochtes Vollei pro Woche sollten auf dem Speiseplan ebenfalls nicht fehlen.

Getreideprodukte: Reis, Graupen oder Nudeln werden von Boxern gern genommen und runden das Menü ab. Ungeschälter Reis wird zum Beispiel auch während einer Diät gefüttert, weil er stark entwässernd wirkt.

Gemüse gehört zu einer ausgewogenen Ernährung. Gut verwertbare Gemüsesorten sind Möhren, Tomaten, Zucchini, Fenchel, Blumenkohl und alle Blattgemüse sowie – allerdings nur in kleinen Mengen – Brunnenkresse. Hülsenfrüchte wie Erbsen, Bohnen und Linsen sind ungeeignet. Das Gemüse soll nur kurz gedünstet werden. Zu langes Kochen vermindert den Vitamingehalt.

Obst können Sie in allen Sorten füttern, nur bei Steinobst muß der Stein entfernt werden. Schon ein paar Schnitze Orangen pro Tag reichen im Winter für die Versorgung mit Vitamin C.

Fett und Öl sind ebenfalls unverzichtbare Nahrungsbestandteile, wobei die pflanzlichen Öle einen höheren Wert an ungesättigten Fettsäuren haben und so besser aufgenommen werden. Bereits 1 Eßlöffel Öl, dem Futter täglich zugesetzt, verbessert das Haarkleid. Sonnenblumen- oder Distelöl sind zu diesem Zweck am besten geeignet.

Das wichtigste Nahrungsmittel des Boxers ist Wasser. Es muß stets frisch sein.

Wenn einem die Hitze derart zusetzt, hilft nur Hecheln.

<u>Vitamine:</u> Die selbstgemachte Kost muß in jedem Fall so zusammengestellt sein, daß Ihr Boxer alle Vitamine, die er braucht, in ausreichender Menge bekommt.

In folgenden Nahrungsmitteln sind die lebenswichtigen Vitamine in relativ großer Konzentration enthalten:
- Vitamin A: Möhren, Petersilie, Tomaten, Spinat, Blattgemüse, Milch, Fisch, Eidotter und Butter
- Vitamin B: Hefe, Milch, Leber, Herz, Blattgemüse, Eier
- Vitamin C: Zitrusfrüchte, Petersilie, Spinat, Milch
- Vitamin D: Lebertran (nur im Winter zufüttern)

Gewürze

Abschließend noch ein Wort zur Würze: Jodiertes Kochsalz ist in geringen Mengen gesund. Die von uns geliebten Gewürze wie Pfeffer, Paprika und andere sind hingegen nichts für unseren Boxer. Knoblauch wiederum ist zu empfehlen. Er ist nicht nur gesund, sondern dient auch zur Verhütung von Würmern (→ Parasiten, Seite 40). Sie müssen ihn nur regelmäßig füttern.

Knochen und Leckereien

<u>Knochen</u>, egal welcher Art, sind für den Boxer nicht geeignet. Mit seinem starken Gebiß ist er zwar mühelos in der Lage, Knochen komplett zu zerlegen. Doch Knochensplitter können ihn innerlich lebensgefährlich verletzen. Deshalb lehnt jeder Tierarzt Knochen als Hundefutter ab.

<u>Büffelhautknochen</u> sind ein guter Ersatz und in jedem Zoofachgeschäft erhältlich. Sie sind artgerecht, gut verträglich und reinigen außerdem noch das Gebiß. Selbst der Welpe kann zur Befriedigung

des Kautriebes und zur Ablenkung einen Büffelhautknochen bekommen.

<u>Hart gewordenes Brot</u> haben Boxer gern zum Knabbern.

<u>Hundekuchen</u> dienen nicht nur zur Sättigung. Vor allen Dingen die ganz groben sind die Zahnbürste für unseren Hund.

Mein Tip: Füttern Sie deswegen nach der letzten Mahlzeit am Tag ruhig einen oder auch zwei Hundekuchen. Rechnen Sie aber auch diese Kalorien in die Tagesration mit ein.

<u>Leckerchen</u> gibt es in großer Auswahl. Hier spielt natürlich der jeweilige Geschmack des Hundes eine Rolle. Daß Sie Ihrem Boxer keine Schokolade geben, sollte selbstverständlich sein. Im Fachhandel ist eine große Palette geeigneter Produkte erhältlich. Dabei können Sie zwischen süßer und herzhafter Geschmacksrichtung wählen. Sie sollten diese Leckerchen aber nicht als Ersatzfutter betrachten, sondern wirklich als Belohnung.

<u>Hinweis:</u> Beachten Sie, daß Leckerchen zusätzliche Kalorien sind und eventuell bei einer Diät mit eingerechnet werden müssen.

Fütterung

<u>Wie oft?</u> Ein 8 Wochen alter Welpe muß in der Regel noch 4mal täglich gefüttert werden. Ein ausgewachsener Hund wird dagegen einmal täglich gefüttert. Besser ist es jedoch, Sie verteilen die Tagesration auf zwei Mahlzeiten. Der Hund nimmt dabei nicht zuviel Futter auf einmal auf, und sein Magen ist nicht zu überladen. Stellen Sie ihm aber nicht etwa den vollen Napf am Morgen hin, damit sich der Hund frei bedienen kann.

<u>Wann?</u> Den Fütterungszeitpunkt können Sie individuell nach Ihrem Tagesablauf bestimmen. Günstig ist es, wenn Sie morgens und abends füttern. Die Fütterungszeiten müssen aber in jedem Fall eingehalten werden.

<u>Wichtig:</u> Nach dem Füttern sollte der Hund 1 Stunde Ruhe halten, damit er verdauen kann.

Für den Durst

Das wichtigste Nahrungsmittel Ihres Boxers ist Wasser. Er kann unter Umständen problemlos mehrere Tage ohne Nahrung auskommen, jedoch niemals ohne Wasser. Die Gefahr, daß der Hund austrocknet, ist sehr groß.

Geben Sie Ihrem Boxer immer frisches Wasser. Füllen Sie seinen Wassernapf also nicht einfach nur immer wieder auf. Reinigen Sie den Napf auch jeden Tag gründlich. So können sich keine Bakterien in ihm ansetzen.

<u>Vorsicht:</u> Achten Sie darauf, daß Ihr Boxer auf Spaziergängen nicht aus stehenden Gewässern, also auch Pfützen, Wasser säuft. Das abgestandene Wasser kann Kolibakterien enthalten und zu Krankheiten führen.

Nach den Mahlzeiten heißt es ruhen.

45

Wichtige Fütterungsregeln

1. Füttern Sie Ihren Boxer 1 bis 2× täglich.
2. Füttern Sie ihn immer zu den gleichen Zeiten.
3. Füttern Sie ihn nicht mit der Hand.
4. Das Futter muß Raumtemperatur haben. Es darf also nie direkt aus dem Kühlschrank an den Hund verfüttert werden.
5. Ihr Boxer muß mit Appetit fressen. Steht er lustlos am Napf und stöbert im Fressen herum oder sortiert vielleicht, nehmen Sie ihm den Napf weg. Auch wenn es vielleicht herzlos klingt: Lassen Sie ihn hungern – die nächste Mahlzeit wird er um so schneller fressen.
6. Bei ausgewachsenen Boxern empfiehlt es sich sogar, einen Fastentag pro Woche einzuhalten. Selbstverständlich müssen Sie Ihrem Tier am Fastentag aber frisches Wasser geben.

7. Bieten Sie kein Ersatzfutter an. Sie ziehen sich einen Gelegenheitsfresser groß. Bei jeder regulären Mahlzeit stellt sich Ihnen dann die Frage: »Frißt er, oder frißt er nicht.« Haben Sie Ihrem Boxer einmal Ersatzfutter angeboten, das ihm vielleicht noch besser geschmeckt hat, müssen Sie immer wieder zu Leckereien greifen, um ihn zum Fressen zu bewegen.
8. Überprüfen Sie anhand der Freßlust auch die Futtermenge. Läßt Ihr Boxer Futter übrig, war die Portion zu groß; reduzieren Sie. Leckt er aber den Napf noch aus, dann geben Sie ruhig etwas mehr.
9. Lassen Sie Ihren Boxer nach jeder Mahlzeit 1 Stunde lang ruhen.

Hunde müssen ihrem Lebensalter entsprechend gefüttert werden. Es werden folgende Altersgruppen unterschieden:
- Welpe (bis $1/2$ Jahr)
- Junghund (bis 1 Jahr)
- ausgewachsener Hund (bis 6 Jahre)
- Senior

Junge Hunde richtig füttern

Die Ernährung des Welpen liegt anfangs zumeist in der Hand des Züchters und kann sehr unterschiedlich sein. Fragen Sie ihn, was er bis zur Abnahme des Welpen durch Sie gefüttert hat, und ernähren Sie Ihren Welpen in der ersten Zeit auf jeden Fall genauso (→ Die Vorteile des Kaufs beim Züchter, Seite 16). Es gibt heute im Fachhandel sehr gute Produkte der Tiernahrungsindustrie zur Welpen- und Junghundaufzucht. Viele Züchter bevorzugen sie wegen ihrer Ausgewogenheit. Doch was immer Sie verfüttern, Bedingung ist:
- Das Futter für Welpen muß eiweißreich sein, also viele Proteine enthalten.
- Zusätzlich benötigen die Hunde in dieser Phase Kalk. Er ist wichtig für den Zahnwechsel, der etwa im 4. Lebensmonat abgeschlossen ist, und für den im Wachstum befindlichen Knochenbau.

Einen Welpen füttern Sie 4× täglich. Der Junghund braucht demgegenüber nur noch 3 x täglich Futter. Es soll in der Zusammensetzung aber nach wie vor dem des Welpen entsprechen. Der Handel bietet entsprechende Futtermischungen an.

Alte Hunde richtig füttern

Wenn Ihr Boxer ins gesetztere Alter kommt, müssen Sie eine Futterumstellung vornehmen. Heutzutage bieten viele Futterhersteller Marken mit dem Zusatz »Senior« an. Dieses Futter ist nicht so proteinhaltig. Wenn Sie es nicht oder nicht ausschließlich verwenden wollen, dann geben Sie Ihrem Senior öfters Quark, viel Gemüse und Obst, aber wenig Fleisch.
Füttern Sie ihn mehrmals täglich, eine Mahlzeit am Tag überlastet die alternden Organe.

Wenn der Boxer zu dick ist

Warum Übergewicht reduzieren? Übergewicht schadet Ihrem Boxer. Auch bei ihm ist es eine Zivilisationskrankheit. Durch zuviel Futter, vor allem durch die Zwischendurchhäppchen, und zuwenig Bewegung andererseits nimmt der Boxer stark zu. Ist er aber zu dick, kann er sich nicht mehr genügend bewegen. Der Mangel an Bewegung wiederum wirkt sich negativ auf Organe, Bänder, Sehnen und die Muskulatur aus.
Wie ist Übergewicht zu erkennen? Sie können zweifelsfrei feststellen, ob Ihr Boxer zu dick ist. Er ist dann zu gut ernährt, wenn seine Rippen nicht mehr erkennbar sind. Bei einem normalgewichtigen Boxer hingegen können Sie ein deutliches Rippenspiel erkennen (→ Foto Seite 53). Um sich Gewißheit zu verschaffen, können Sie einen Figurtest durchführen: Stellen Sie den Hund vor sich und legen Sie die Hände links und rechts von hinten an den Brustkorb. Sie sollten beim leichten Druck auf den Brustkorb gut den Verlauf der Rippen spüren. Wenn Sie erst tiefer bohren müssen, um auf die Rippen zu kommen, ist Ihr Boxer eindeutig zu dick.
Entscheidend für die Beurteilung ist aber auch die Größe Ihres Boxers. Ein kleiner Vertreter darf natürlich nicht 40 kg auf die Waage bringen, und eine Hündin sollte nicht unbedingt das Gewicht eines Rüden haben (→ Rassestandard, Seite 10).

Wie läßt sich Übergewicht reduzieren? Um die überflüssigen Pfunde wirksam zu reduzieren, muß der Hund zuerst abgespeckt werden. Erst dann kann langsam mit ausdauerndem Bewegungstraining begonnen werden. Abspecken bedeutet Reduzierung des übermäßigen Fettdepots. Reis ist hierzu besonders gut geeignet. Denn er entwässert und macht für den Moment satt. Als Fertigfutter sind auch sogenannte »Light«-Produkte auf dem Markt. Sie eignen sich ebenfalls zur Gewichtsreduktion, denn sie füllen den Hundemagen, sind jedoch kalorienreduziert. Geben Sie aber zwischendurch ein Stück Obst oder Gemüse und füttern Sie Lunge, falls Ihr Boxer an Frischfleisch gewöhnt ist. Wenn Sie eine Abmagerungskur durchführen, wiegen Sie Ihren Boxer 1× wöchentlich (→ Tägliche Pflege und Kontrolle, Seite 37). Nur so können Sie feststellen, ob Ihre Diät anschlägt und der Hund abnimmt.

Büffelhautknochen befriedigen den Kautrieb und reinigen zudem das Gebiß. Schon für Welpen sind sie geeignet.

Gesundheitsvorsorge und Krankheiten

Es gibt eine Reihe von ansteckenden Krankheiten, mit denen sich Ihr Boxer ohne weiteres infizieren kann und die für ihn lebensbedrohlich werden können. Einen wirksamen Schutz vor ihnen bietet das Impfen.

Seinen Boxer gut zu kennen und genau zu beobachten ist Vorausset- zung, Anzeichen einer möglichen Er- krankung feststellen zu können.

Impfung

Wenn Sie Ihren Boxerwelpen vom Züchter abholen, ist er meist gegen Staupe, Hepatitis und Leptospirose (Stuttgarter Hundeseuche) geimpft; die- se Grundimmunisierung ist in einem Impfpaß eingetragen, den Ihnen der Züchter bei der Übergabe des Welpen aushändigen muß (→ Augen auf beim Boxer-Kauf, Seite 16). In den meisten Fällen ist der Welpe auch gegen das Parvovirus geimpft. Wenn dies nicht der Fall ist, sollten Sie es nachholen. Es empfiehlt sich auch, den Hund gegen den Virushusten zu impfen.

Regelmäßig nachimpfen

Circa 4 Wochen nach der Erstimpfung muß der Welpe noch einmal nach- geimpft werden. Erst danach besteht ein ausreichender Schutz gegen die ge- nannten Krankheiten. Nach mindestens 4 weiteren Wochen sollten Sie Ihren Boxer dann noch gegen Tollwut impfen lassen.

Damit er aber ein Leben lang vor diesen gefährlichen Infektionskrankheiten ge- schützt bleibt, ist regelmäßiges Nach- impfen erforderlich (→ Impfplan, Seite 51). Die Impfungen gegen Lepto- spirose, Tollwut, Parvovirus und Virus- husten müssen in jährlichem Abstand wiederholt werden. Zur Auffrischung des Impfschutzes gegen Staupe und Hepatitis genügt in der Regel die Wie- derholungsimpfung in ein- bis zwei- jährigem Abstand.

Hinweis: Für Fragen in speziellen Fällen, zum Beispiel bei Hündinnen, die belegt werden sollen, steht Ihnen der Tierarzt gern mit entsprechendem Rat zur Seite. Auch über den Impfstoff, der bei Ihrem Boxer angewendet wird, sollten Sie sich von Ihrem Tierarzt beraten lassen.

Der Impfpaß Ihres Boxers verzeichnet jede ausgeführte Schutzimpfung (→ Augen auf beim Boxerkauf, Seite 16). Damit haben Sie gleichzeitig eine Erinnerung für den nächsten Impfter- min. Bei Ausstellungen sowie Auslands- reisen mit Ihrem Boxer ist der Impfpaß ein unverzichtbares Dokument.

Entwurmung

Kein Hund ist vor Wurmbefall sicher, und diese Parasiten rufen massive Ge- sundheitsstörungen hervor (Parasiten, Seite 40). Sie müssen daher regelmäßig kontrollieren, ob Ihr Boxer Würmer hat. Der Züchter im Boxer-Klub ist gehalten, bis zur Begutachtung der Welpen durch den Zuchtwart nach den ersten 8 Le- benswochen 3 Wurmkuren durchzu- führen. Für Sie gilt: Mindestens 2mal im Jahr bringen Sie eine Kotprobe zu Ihrem Tierarzt (bei ihm bekommen Sie auch die entsprechenden Röhrchen dafür). Bei Wurmbefall wird er ein geeignetes Präparat verordnen.

Wichtig: Eine vorbeugende Entwur- mung ist nicht zu empfehlen, da sie Magen und Darm des Boxers unnötig angreift.

Ausreichend Bewegung ist für den Boxer eines der besten Mittel, gesund zu bleiben.

Krankheitsanzeichen erkennen

Wenn Sie Ihren Boxer genau kennen, werden Sie Abweichungen vom normalen Zustand und Verhalten schnell feststellen. Bestimmte Erscheinungen gelten als Warnzeichen für eine mögliche Krankheit:

- Ist die Nase Ihres Boxers trocken?
- Weist sein Fell Veränderungen auf?
- Leidet Ihr Boxer unter Appetitlosigkeit?
- Zeigt er dauernde Müdigkeit?
- Verkriecht er sich bewußt?
- Ist sein ganzes Verhalten von Unlust geprägt?
- Ist er übellaunig?
- Legt er entgegen seiner Natur übertriebene Schreckhaftigkeit an den Tag?
- Ist er ohne erkennbaren Grund unruhig?
- Winselt und heult er auffällig und ohne ersichtliche Ursache?

Wenn eines dieser Phänomene vorliegt, brauchen Sie nicht gleich den Tierarzt aufsuchen. Denn die Ursache der Auffälligkeit kann ganz harmlos sein. Die Nase beispielsweise kann nach dem Buddeln im Erdreich, nach dem Schlafen, an sehr trockenen Tagen und sogar manchmal bei einer läufigen Hündin trocken sein. In allen diesen Fällen ist

sie jedoch nach kurzer Zeit wieder kalt und feucht.

Mein Tip: Beobachten Sie deshalb Ihren Boxer zuerst einmal ganz genau, wenn Sie Anzeichen einer möglichen Krankheit bei ihm feststellen, und messen Sie vor allen Dingen seine Temperatur. Bei Fieber, oder sobald sich eines oder mehrere Symptome verstärken, sollten Sie zum Tierarzt gehen.

Hier müssen Sie den Tierarzt aufsuchen

Es gibt allerdings Krankheitszeichen, bei denen Sie unbedingt sofort den Tierarzt aufsuchen sollten:

- starker Juckreiz in Verbindung mit heftigem Kratzen: Dies ist sehr quälend für den Hund und kann verschiedene Ursachen haben, die aber allesamt schwerwiegend sind.
- Abmagerung verbunden mit auffallend großem Durst und chronischen Ekzemen am Rücken: Hier handelt es sich meistens um eine Erkrankung der Nieren.

Magendrehung: Bei allen großen Hunderassen, also auch bei Boxern, kann es in Einzelfällen nach dem Fressen zu der gefürchteten Magendrehung kommen. Durch Gasansammlungen im Magen, zu große Futtermengen oder zu große Futterbrocken kann der Magen »kippen«. Er dreht sich dabei um 180 Grad. Sie können dies an dem stark aufgeblähten Bauch und dem ausgeprägten Unwohlsein des Hundes erkennen. Er muß in einem solchen Fall schnellstens zum Tierarzt gebracht werden.

Hier können Sie selbst helfen

Bei Verstopfung geben Sie Ihrem Boxer Trockenhefe ins Futter oder Bierhefe in einem Häppchen, eventuell sogar etwas Rizinusöl. Bierhefe regt die Darmflora an, wodurch rasch wieder eine normale Verdauung einsetzt. Sie darf aber auf keinen Fall unter das Futter gemischt

Boxer zeigen beim Laufen große Ausdauer; geben sie schnell auf und sind sie lustlos, kann das heißen, daß sie krank sind.

werden, denn sie kann es zum Gären bringen. Tritt keine Besserung ein, gehen Sie am besten mit Ihrem Hund zum Tierarzt.

Bei Durchfall lassen Sie Ihren Boxer einen Tag fasten oder geben ihm etwas Tierkohle. Tritt keine Besserung ein, so müssen Sie auch hier mit ihm zum Tierarzt.

Verschluckte Gegenstände: Wenn Ihr Boxer kantige Gegenstände verschluckt hat, geben Sie ihm rohes Sauerkraut. Es enthält Zellulose, die die Magensäfte des Hundes nicht zersetzen können. Das unverdauliche Sauerkraut wickelt sich infolgedessen um den Gegenstand im Magen. Er kann dadurch wieder ohne Schaden für Ihren Boxer ausgeschieden werden. Der Boxer greift bisweilen selbst zu einer ähnlichen Medizin: Er frißt Gras, um sich von unverdaulichen Dingen wieder befreien zu können.

Um den Abgang kantiger Gegenstände zu fördern, können Sie zusätzlich zu dem Sauerkraut auch noch Kartoffelbrei mit viel Butter füttern. Beides schützt die Magen- und Darmwände vor Verletzungen; der Kartoffelbrei hält die Darmwände geschmeidig, und die Butter hat noch einen abführenden Effekt.

Homöopathische Behandlung

Bei der Behandlung Ihres Boxers können auch homöopathische Mitte eingesetzt werden. Voraussetzung dazu ist allerdings eine große Sachkenntnis. Viele Tierärzte jedoch kennen sich bereits mit dieser Behandlungsmöglichkeit aus. Sie können auch abschätzen, wann sie angezeigt ist. Denn die Homöopathie kann nicht bei allen Krankheiten angewandt werden.

Hüftgelenksdysplasie (HD)

Die Hüftgelenksdysplasie ist eine typische Krankheit mittelgroßer und großer

Impfplan für die Gesundheitsvorsorge

Wirkstoff gegen	Grundimmunisierung			Wiederholungsimpfungen
		Nachimpfungen		
	7.–8. Woche	10.–12. Woche	Ab etwa 12. Woche	12 Monate nach Grundimmunisierung
Parvovirose (Lebendimpfstoff)	*	*		* jährlich
Staupe	*	*		* jährlich
Hepatitis	*	*		* jährlich
Leptospirose	*	*		* jährlich
Tollwut	*		*	* jährlich

Wichtig: Impfungen werden nicht sofort wirksam. Es dauert etwa 1 bis 2 Wochen, bis der Impfschutz eintritt.

Hunderassen. Auch der Boxer kann sie also bekommen. Es handelt sich bei ihr um eine erblich bedingte Fehlentwicklung des Hüftgelenks, die je nach Schwere der Erkrankung zur Schwächung oder gar Lähmung der Hinterläufe führen kann. Anzeichen für sie sind:
• Das Aufstehen ist für den Boxer schmerzhaft.
• Auch das Treppensteigen bereitet ihm Schmerzen.
• Er ermüdet bei Anstrengung schnell.
• Über längere Strecken läuft der Boxer schnell und angestrengt.
• Er hat Schwierigkeiten beim Springen. Eine eindeutige Diagnose erbringt nur eine Röntgenaufnahme, die ab dem ersten Lebensjahr durchgeführt werden kann. Auftretende Schmerzen und Entzündungen kann der Tierarzt mit Medikamenten lindern. Bei schweren und andauernden Beschwerden bringt das Einsetzen eines künstlichen Hüftgelenks in der Regel sehr gute Ergebnisse.
Als vorbeugende Maßnahme hat sich bewährt, den heranwachsenden Hund nicht zu reichhaltig zu füttern.

Das Verhalten offenbart die Gemütsverfassung.

Wenn die Hundeseele krank wird

<u>Übertragung von Stimmungen.</u> Ein Boxer kann nicht nur verschiedene Gefühlsregungen äußern, sondern ist auch in der Lage, die Stimmungen seiner Menschen aufzunehmen und auf sie zu reagieren. So löst Trauer, Angst und Freude auf unserer Seite auch bei unserem Boxer entsprechende Reaktionen aus. Ebenso geht die aggressive Atmosphäre eines Streits in der Familie auf den Boxer über und macht ihn reizbar. Bedenken Sie solche Einflüsse. Sie können sich auf die Dauer negativ auf das Befinden Ihres Boxers auswirken.
<u>Änderung der Umgebung.</u> Ein Wandel der Lebensbedingungen wie etwa bei einem Wohnungswechsel kann den Boxer ebenfalls aus dem Gleichgewicht bringen. Denn dabei kommt er in ein unbekanntes Revier und braucht einige Zeit, bis er sich darin zurechtfindet.
<u>Auffälliges Verhalten</u> kann sich darin äußern, daß Ihr Boxer dauernd bellt, ungemein rauflustig ist, Zerstörungswut an den Tag legt oder aus Angst sogar beißt.
<u>Hilfsmaßnahmen:</u> Ausschließen lassen sich solche Entwicklungen, wenn die Haltungsbedingungen artgerecht sind und der Boxerhalter über die natürlichen Verhaltensweisen und Bedürfnisse seines Tieres Bescheid weiß.
Falls aber – was sehr selten vorkommt – bereits Verhaltensstörungen vorliegen, sollten Sie professionelle Hilfe in Anspruch nehmen:
• Helfen kann oft Ihr Tierarzt, in manchen Fällen auch durch spezielle Medikamente.
• Sie können auch einen Tierpsychologen zu Rate ziehen.
• Bei Erziehungsproblemen ist der Besuch einer Hundeschule der geeignete Weg, Abhilfe zu schaffen.
Ein wesentlicher Faktor für eine gesunde Entwicklung des Boxers ist aber in jedem Fall die Liebe zu Ihrem Tier.

Wenn das Rippenspiel klar zu erkennen ist, hat der Boxer kein Übergewicht.

Vom Altwerden und Sterben

Sie werden feststellen, daß sich Ihr Boxer mit zunehmendem Alter verändert. Sein überschäumendes Temperament läßt nach, seine Schritte werden langsamer, Sehkraft und Gehör werden schwächer, immer mehr Haare ergrauen – Ihr Hund wird alt. Er schläft dann viel und sucht immer öfter den Kontakt zu Ihnen. Gehen Sie auf seine gewandelten Bedürfnisse ein und nehmen Sie Rücksicht auf seine Gebrechen. Ihr Boxer braucht jetzt Ihre Fürsorge. Denn er hat ein großes Bedürfnis nach Ruhe und Geborgenheit.

Folgende gesundheitliche Probleme treten beim alten Boxer gehäuft auf – und das können Sie zur Linderung tun:

• Abnützungserscheinungen an Gelenken und Wirbelsäule: den Boxer stets warm zudecken; kürzere Spaziergänge machen, dafür aber öfters.

• Herz- und Kreislaufschwäche: darauf achten, daß Ihr Boxer sich nicht übernimmt, und ihn bei Aufregungen beruhigen.

• Schlechte Zähne: häufiger Büffelhautknochen geben (→ Die richtige Ernährung, Seite 44) oder Gebiß mit einer Zahnbürste reinigen.

Einschläfern durch den Tierarzt. Irgendwann wird der Tag kommen, an dem Sie feststellen müssen, daß Ihr Boxer an seinen Gebrechen leidet, ohne daß Aussicht auf Heilung seiner schmerzhaften Zustände besteht. Jetzt sollten Sie sich entschließen, Ihren Hund einschläfern zu lassen. Der Tierarzt wird ihm eine überdosierte Beruhigungsspritze geben, die Ihrem Boxer einen schmerzfreien Tod ermöglicht. Lassen Sie Ihren Boxer dabei nicht allein. Nehmen Sie ihn in den Arm und halten Sie ihn fest, er wird es fühlen und ruhig einschlafen.

PRAXIS
Gesundheit

Beim Verdacht auf eine Krankheit sollten Sie zur ersten Kontrolle überprüfen, ob Ihr Boxer Fieber oder eventuell auch Untertemperatur hat. Ist die normale Körpertemperatur von 38 bis 38,5 °C über- oder unterschritten, ist Ihr Boxer krank.

Fieber messen
Zeichnung 1
Die landläufige Meinung, wenn die Boxernase heiß sei, habe der Boxer Fieber, ist falsch. Die Körpertemperatur des Boxers läßt sich zuverlässig nur durch Messen mit einem Thermometer feststellen. Günstig ist es, wenn Sie dabei zu zweit sind. Eine Person hält den Kopf des Hundes und spricht beruhigend auf ihn ein, die zweite Person führt das Thermometer vorsichtig in den After ein und hält es während des Messens fest. Die Spitze des Thermometers wird vorher mit etwas Vaseline eingefettet.

Medizin verabreichen
Zeichnung 2 und 3
Tabletten können Sie Ihrem Boxer verabreichen, indem Sie sie in Leberwurst oder Rinderhackfleisch verstecken. Manches Tier wird aber dann sein Fressen nicht anrühren – selbst wenn die Tabletten zerstoßen sind.
Mein Tip: Öffnen Sie in diesem Fall das Maul Ihres Boxers und schieben Sie ihm die Tablette möglichst weit in den Rachen. Dann halten Sie ihm den Fang so lange zu, bis er das Medikament geschluckt hat.
Flüssige Medikamente geben Sie Ihrem Boxer am besten mit einer Einwegspritze ohne Injektionsnadel ein (→ Zeichnung 2). Solche Spritzen sind in jeder Apotheke erhältlich. Halten Sie den Kopf Ihres Boxers hoch und lassen Sie die Flüssigkeit langsam seitlich zwischen Lefze und Zahnreihe laufen.
Pulver können Sie Ihrem Hund mit der Fingerkuppe in die Innenseite der Lefze oder auf die Zunge geben.
Zäpfchen müssen vor dem Einführen mit etwas Vaseline gleitfähig gemacht und möglichst tief

in den After eingeführt werden. Sie können dabei einen Plastikhandschuh anziehen.
Augensalbe und Augentropfen geben Sie hinter das untere Lid. Dazu wird das Augenlid leicht nach unten gezogen (→ Zeichnung 3).

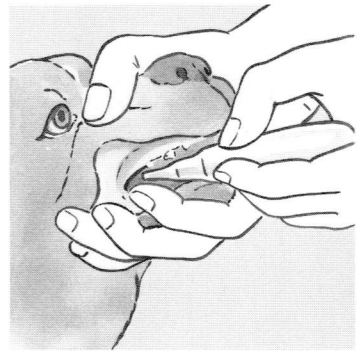

2⌋ Flüssige Medikamente seitlich ins Maul rinnen lassen.

Wunden versorgen
Zeichnung 4
Kleinere Verletzungen säubert der Hund durch Belecken selbst. Aber auch diese Verletzungen sollten Sie beobachten, damit keine ernsthafte Infektion daraus entsteht.
Stark blutende Wunden müssen Sie mit einem Druckverband versorgen. Versuchen Sie zuerst, die Wunde mit einer Pinzette soweit wie möglich von Fremdkörpern zu reinigen. Falten Sie anschließend ein Stück sauberen Stoffs zu einem dicken Polster und drücken dieses auf die blutende Wunde. Dann erst verbinden Sie den Körperteil mit einem Schal oder einer dünnen Binde.
Wichtig: Stark blutende Wunden

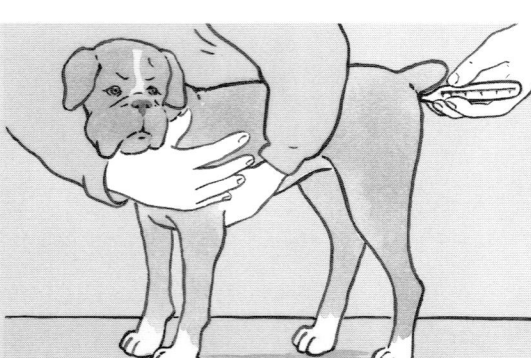

1⌋ Fieber am besten zu zweit messen: Eine Person hält den Boxer, die andere führt das Thermometer ein.

an den Läufen müssen Sie oberhalb der Wunde zusätzlich abbinden. Lockern Sie diesen Verband jedoch von Zeit zu Zeit kurz, um den Lauf zu durchbluten. Suchen Sie sofort den Tierarzt auf.
<u>Abheilende Wunden</u> verursachen einen Juckreiz. Ihn versucht der Boxer durch Nagen und Beißen zu beseitigen. Fragen Sie Ihren Tierarzt, wie Sie Ihrem Boxer in diesem Fall helfen können.
Auch Wundverbände versucht der Boxer instinktiv zu entfernen, um die Wunden belecken zu können. Hiervor müssen Sie ihn schützen und ihm eine Halskrause umlegen (→ Zeichnung 4).

Hilfe bei Insektenstichen
Der Stich einer Biene oder Wespe, vor allem im Rachenraum, kann für Ihren Boxer lebensgefährlich sein. Denn starke Schwellungen in diesem Bereich führen zu Atem- und Schluckbeschwerden. Aber auch allergische Reaktionen, die zu Kreislaufstörungen führen, sind möglich.
<u>Maßnahmen:</u> Bei jeder Art von Stich sollten Sie Ihren Boxer als erstes beruhigen. Entfernen Sie bei einem Bienenstich dann nach Möglichkeit den Stachel. Außergewöhnliche Reaktionen Ihres Boxers auf einen Insektenstich erfordern stets den Besuch beim Tierarzt. Unbedingt und unverzüglich müssen Sie ihn aufsuchen, wenn eine Biene oder Wespe Ihren Boxer in den Rachenraum gestochen hat. Sofern Ihr Boxer in die Lefze oder an anderen Stellen des Körpers gestochen wird, können Sie eine Kalzium-Ampulle geben und die Stelle zusätzlich mit kalten Kompressen kühlen. Kalzium-Ampullen sollten Sie immer vorrätig haben; sie sind in jeder Apotheke erhältlich.

Vergiftungen
Die ersten Anzeichen für eine Vergiftung sind starkes Erbrechen, Durchfall, Krämpfe, Kreislaufkollaps, Atemnot, starke Reizung der Schleimhäute im Augen- und Rachenbereich, eventuell Blaufärbung der Zunge.
<u>Maßnahmen:</u> Alles was für Ihren Boxer giftig ist, sollten Sie deshalb für ihn außer Reichweite aufbewahren. Sollte Ihr Hund trotz aller Vorsichtsmaßnahmen für ihn giftige Stoffe gefressen haben, suchen Sie sofort den Tierarzt auf.

Hitzschlag
Am häufigsten erleiden Boxer einen Hitzschlag, wenn sie bei starker Sonneneinstrahlung im geparkten Auto zurückgelassen werden. Aber auch in Räumen, die nicht ausreichend belüftet werden, oder bei zuviel Bewegung kann es zu einem Hitzschlag kommen. Dabei treten auf:
• Kreislaufkollaps
• starkes Hecheln mit übermäßigem Speichelfluß
• Anstieg der Körpertemperatur
<u>Maßnahmen:</u> Legen Sie bei diesen Symptomen Ihrem Boxer feuchte Tücher um; am wirkungsvollsten sind sie im Kopfbereich. Bringen Sie den Hund in den Schatten. Messen Sie seine Körpertemperatur. Der Hund muß tierärztlich untersucht werden – auch wenn sich sein Zustand bereits gebessert hat.

Transport zum Tierarzt
Wenn Sie Ihren Boxer mit dem PKW zum Tierarzt transportieren, sollten Sie eine Hundebox im Auto haben. Fehlt eine solche Box, nehmen Sie am besten eine Begleitperson mit, die den Hund während der Fahrt auf dem Rücksitz betreut und beruhigt. Falls der Boxer schwer verletzt ist, kontaktieren Sie Ihren Tierarzt vor der Überführung. Er wird Ihnen sagen, wie Sie Ihren Boxer am besten transportieren können.

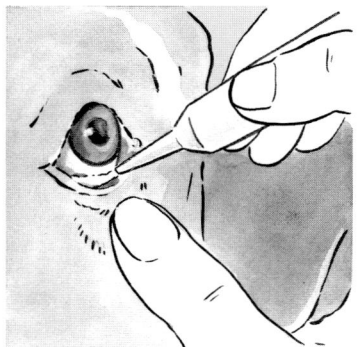

3⌋ Augensalbe auf die Innenseite des unteren Lids geben.

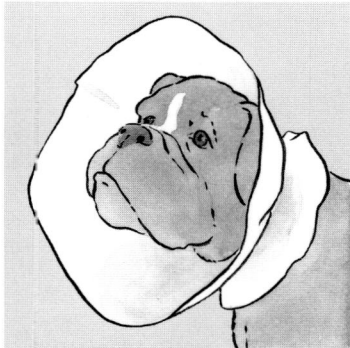

4⌋ Eine Halskrause hindert den Boxer, Wundverbände zu entfernen.

55

Boxer züchten

Boxer zu züchten bedeutet, diese Rasse stetig und ständig zu verbessern. Wer sich entschließt, mit einer Hündin zu züchten, muß mit den Rassekennzeichen und den Zuchtbestimmungen vertraut sein (→ Rassestandard, Seite 10). Er muß außerdem in einem Zuchtverein Mitglied sein und die dort geltenden Zuchtbestimmungen anerkennen. Eine weitere Grundvoraussetzung für die Zucht ist der einwandfreie gesundheitliche Zustand der Zuchtpartner.

Der richtige Rüde. Bei der Wahl des Deckrüden ist nicht nur das äußere Erscheinungsbild, also der Formwert, von Interesse, sondern ebenso sein Wesen (→ Rassestandard, Seite 11).

Die Paarung

Hitze: Die Paarungszeit beginnt mit der Läufigkeit der Hündin. Eine normal entwickelte Hündin wird das erste Mal zwischen dem 9. und dem 12. Lebensmonat heiß. Jede weitere Hitze folgt in einem Abstand von jeweils etwa 7 Monaten und dauert circa 21 Tage. Das Mindestalter einer Hündin bei ihrem ersten Einsatz für die Zucht beträgt laut Zuchtbestimmung 18 Monate.

Deckbereitschaft: Die Hitze beginnt mit einer Schwellung der Scheide und einem blutigen Ausfluß. Die Hündin uriniert häufiger und sitzt dabei oft höher als gewöhnlich. Es ist entscheidend, den ersten Tag der blutigen Ausscheidung festzustellen, denn danach läßt sich die sogenannte »Stehzeit« der Hündin bestimmen. Das ist die Zeitspanne, in der sie bereit ist, einen Deckpartner anzunehmen. Diese Phase beginnt etwa am 10. Tag der Hitze und dauert circa 6 bis 7 Tage.

Deckakt: Vor der Paarung findet normalerweise ein Paarungsspiel statt. Dabei ist ausgiebiges Beschnuppern der Halsseiten und der Ohren typisch. Kommt es dann zum eigentlichen Deckakt, bleiben beide Hunde einige Zeit miteinander verbunden. Dies kann 5 bis 50 Minuten dauern.

Vorsicht: Sie dürfen während dieser Phase die Tiere auf keinen Fall trennen, denn ein gewaltsames Losreißen kann schwere Verletzungen zur Folge haben.

Mein Tip: Eine Hündin gehört während der Hitze beim Spaziergang unbedingt an die Leine. Nicht nur die Rüden gehen dem Geruch einer läufigen Hündin nach und werden sie, befindet sie sich gerade in der Stehzeit, beim Zusammentreffen decken. Auch die Hündin selbst wird in der Stehzeit nach einem Freier Ausschau halten und ist dann nicht gerade wählerisch.

Trächtigkeit

1. und 2. Woche: Die Läufigkeitsblutung dauert auch nach dem Deckakt an. Ein etwaiges Ausbleiben oder Stärkerwerden sagt nichts darüber aus, ob eine Befruchtung stattgefunden hat oder nicht. So sind in den ersten zwei Wochen nach Beendigung der Läufigkeit an der Hündin, auch wenn sie trächtig ist, kaum äußerliche Veränderungen wahrzunehmen. Viele Hündinnen zeigen jedoch zu Beginn der Trächtigkeit ein großes Schlafbedürfnis. Trotzdem müssen sie dann ausreichend Bewegung haben.

3. und 4. Woche: Ungefähr nach 3 Wochen kann es vorkommen, daß eine trächtige Hündin morgens Galle oder Schleim erbricht. Dies ist kein

Über die Eignung zur Zucht entscheiden nicht nur körperliche Merkmale, sondern auch das Wesen des Tieres.

Das Spiel mit Artgenossen schult das Sozialverhalten des Welpen.

Grund zur Besorgnis, sondern lediglich Zeichen dafür, daß sich der Stoffwechsel der Hündin den veränderten Bedingungen anpaßt. Auch ist es möglich, daß die Hündin nun etwas schlechter frißt und mitunter sogar leicht an Gewicht verliert.

Mein Tip: Machen Sie dann nicht den Fehler, die Hündin zu überfüttern. Ein leichter Gewichtsverlust ist in dieser Situation nicht problematisch, Verfettung dagegen sehr. Die weit verbreitete Ansicht, eine trächtige Hündin müsse mehr als gewöhnlich fressen, ist falsch. Sie braucht vielmehr gehaltvolleres Fressen. Es muß vor allem Vitamine und Kalk enthalten.

5. bis 9. Woche: In der 5. Woche der Tragzeit beginnt sich der Leibesumfang der Hündin zu vergrößern. Sie braucht nun zwar noch Bewegung, aber dabei ist der vermehrten Belastung von Kreislauf und Lunge Rechnung zu tragen.

Ende der Tragzeit: Die normale Tragzeit einer Boxerhündin beträgt zwischen 61 und 63 Tagen. Abweichungen nach unten und nach oben können aber durchaus eintreten. Trägt eine Hündin über 65 Tage, sollte der Tierarzt hinzugezogen werden.

Stärke des Wurfs: Die durchschnittliche Wurfstärke eines Boxers liegt bei circa 7 Welpen je Wurf.

Die Wurfkiste

Für die Geburt braucht die Hündin eine Wurfkiste. Sie sollte aus Holz bestehen und mindestens 85 × 115 cm groß sein. Außerdem muß ihre Grundplatte noch einen Außenrand von circa 25 cm vorn und etwa 50 bis 60 cm an den Seiten sowie hinten haben. Um den Effekt einer Höhle zu erzielen, wird die Kiste mit einer Decke oder einem Deckel versehen. Die Abdeckung sollte jedoch abnehmbar sein. So ist es auch möglich, sie in der warmen Jahreszeit vorübergehend zu entfernen.

Schutzleiste: Die Wurfkiste muß innen mit einer sogenannten »Schutzleiste« versehen sein. Sie hat eine Stärke von 8 bis 10 cm und ist in einer Höhe von etwa 15 cm vom Boden umlaufend in der ganzen Kiste angebracht. Sie verhindert, daß die Welpen zwischen der Mutterhündin und der Wand der Wurfkiste eingeklemmt oder gar erdrückt werden.

Ausstattung: Als Lager für die Welpen bieten sich verschiedene Materialien an, zum Beispiel Nadelfilzböden oder das im Handel erhältliche Vet-Drybed. Für die Phase des Werfens sollten Sie eine feuchtigkeitsundurchlässige Unterlage beschaffen, die Sie mit saugfähigem Papier ausreichend auslegen.

Hinweis: Auf die Hygiene in der Wurfkiste muß besondere Sorgfalt gelegt werden, etwa durch ständiges Wechseln der Laken.

Die Geburt

Das sicherste Vorzeichen der Geburt ist das Sinken der Körpertemperatur der Hündin um 1,5 bis 2 °C. Die Normaltemperatur eines Boxers liegt gewöhnlich bei circa 38 °C. Bei unmittelbar bevorstehender Geburt ist die Hündin unruhig, beginnt zu hecheln und will sich sehr oft entleeren. Oft verweigert sie auch 12 bis 24 Stunden vor der Niederkunft die Futteraufnahme.

Die Geburt selbst setzt mit den Vorwehen ein, anschließend beginnen die Preßwehen. Durch sie werden die Welpen ausgetrieben. Jeder Welpe wird in einer Fruchtblase mit Plazenta geboren. Die Hüllen werden von der Hündin zerrissen und die Jungen aus dem Fruchtsack befreit. Das noch nasse Neugeborene löst bei der Mutterhündin einen Reiz zum Lecken aus. Dadurch wird nicht nur der Kreislauf des Welpen angeregt, sondern auch die Tätigkeit der Verdauungsorgane. Die Hündin nimmt bei der Säuberung diese Ausscheidungen mit auf.

Entwicklung und Ernährung der Welpen

1. bis 3. Lebenswoche: Kurz nach der Geburt sind die Welpen vielen Krankheitserregern schutzlos ausgeliefert. Aus diesem Grund ist die Muttermilch für die Neugeborenen von größter Wichtigkeit. Denn mit ihr nimmt der Welpe lebens-

Schon aus dem Verhalten der Welpen lassen sich ihre jeweiligen Wesenseigenschaften ablesen.

notwendige Abwehrstoffe zu sich. Zusätzlich wirkt diese sogenannte Kolostralmilch auch leicht abführend. Der Welpe trinkt und entleert unmittelbar darauf seinen Darm. Diesen Prozeß unterstützt die Mutter durch Belecken des Welpen. Sie nimmt dabei wie schon nach der Geburt die Ausscheidungen mit auf.
Die Augen des Welpen sind etwa die ersten 10 Tage, die Ohren die ersten 12 Tage geschlossen.
4. bis 7. Lebenswoche: Etwa mit der vollendeten 3. Lebenswoche beginnt die sogenannte Prägungsphase (→ Sanfte Erziehung, Seite 27).
Wichtig: In dieser Zeit ist es erforderlich, sehr viel mit den Welpen zu spielen. Denn durch den Handkontakt spüren sie ihren Menschen und werden so auf ihn geprägt.
8. Lebenswoche: Die Abgabe der Welpen erfolgt am besten 2 Monate nach der Geburt zu Beginn der Sozialisationsphase (→ Die sanfte Erziehung, Seite 27).
Hinweis: Vor der Abgabe an die Käufer müssen die Welpen noch entwurmt und grundimmunisiert werden (→ Augen auf beim Boxer-Kauf, Seite 16).
Gewichtskontrolle: Das tägliche Wiegen der Welpen sollte für Sie eine Selbstverständlichkeit sein. Sie können so Entwicklungsstörungen bei einzelnen Tieren sofort feststellen, denn sie lassen sich an mangelnder Gewichtszunahme ablesen. Nimmt jedoch der ganze Wurf nicht normal zu, liegt der Grund bei der Mutterhündin. Wenn bei ihr keine organischen Fehler vorliegen, müssen Sie als Züchter in diesem Fall bei den Welpen zufüttern. Bisweilen kann dies schon in der dritten Woche nach der Geburt notwendig sein.
Mein Tip: Versorgen Sie aber auch die Mutter in dieser Zeit durch zusätzliche Vitamin- und Kalziumzugaben.

Mit dem Boxer zur Ausstellung

Ausstellungen sind Zuchtschauen, die einen Überblick über den jeweiligen Stand der Zucht geben. Sie finden meist im Freien auf einem als »Ring« bezeichneten Gelände statt. Die einzelnen Boxer werden dabei in verschiedenen Altersstufen und nach ihrem Ausbildungsstand getrennt nach Geschlecht und Farbschlag von Formwertrichtern beurteilt (→ Rassestandard, Seite 10). Die besten ihrer Klasse werden prämiert, der Besitzer erhält darüber ein Zertifikat.
Voraussetzungen: An nationalen wie auch internationalen Zuchtschauen können nur Boxer teilnehmen, die in ein Zuchtbuch eingetragen sind, das entweder der VDH oder die FCI anerkennen (→ Adressen Seite 62).
Für eine ansprechende Präsentation ist bei Ihrem Boxer eine gewisse Disziplin und gute Erziehung vonnöten. Sie müssen beispielsweise in der Lage sein, dem Formwertrichter das Gebiß Ihres Hundes zu zeigen. Leinenführigkeit und Gehorsam sind ebenfalls unabdingbar. Sonst ist auch etwa eine Gangwerksbeurteilung nicht möglich. Boxer, die sich aggressiv gegenüber jedem Artgenossen oder vielleicht sogar gegenüber Menschen verhalten, werden auf Ausstellungen nie die beste Figur abgeben können. Bestechen im Ring kann nur der nervenstarke, schöne Hund, der sich durch Imponiergehabe vor seinen Konkurrenten hervortut. Er wird sich dabei mit stolz erhobenem Kopf zu voller Größe aufrichten, um eine möglichst eindrucksvolle Figur abzugeben. Dieses Verhalten wird übrigens jeder natürlich veranlagte Boxer im Ring an den Tag legen.
Doch unabhängig davon, wie Ihr Boxer auf der Ausstellung abschneidet: Für Sie sollte er immer der Beste und Schönste sein.

Sachregister

Die **halbfett** gesetzten Seitenzahlen verweisen auf Farbfotos und Zeichnungen. U=Umschlagseite

Aus Liebe und Verantwortung

Heimtiere machen nicht nur Kindern, sondern der ganzen Familie viel Freude. Und ob Hund, Hamster oder Wellensittich – wer sich einmal an den kleinen Liebling gewöhnt hat, möchte ihn nicht mehr missen. Deshalb ist es wichtig, über die Bedürfnisse der Tiere wirklich Bescheid zu wissen. Die **GU Tier-Ratgeber** – von anerkannten Autoren geschrieben – sind ideal als Helfer bei der artgerechten Haltung mit Herz und Verstand. GU Ratgeber gibt es zu allen beliebten Tierarten. Sie sind auch für Kinder geeignet, die ihr Tier selbst versorgen wollen.

34,80 DM/272,-öS/34,80 sFr.

12,80 DM/100,-öS/12,80 sFr.

14,80 DM/116,-öS/14,80 sFr.

12,80 DM/100,-öS/12,80 sFr.

12,80 DM/100,-öS/12,80 sFr.

Mehr draus machen. Mit GU.

Adressen

Verbände und Vereine
Verband für das Deutsche
    Hundewesen (VDH),
    Postfach 104154,
    D-44041 Dortmund
Boxer-Klub e.V.,
    Sitz München,
    Veldener Str. 66,
    D-81241 München
Österreichischer Kynolo-
    genverband (ÖKV),
    Johann-Teufel-Gasse 8,
    A-1238 Wien
Österreichischer Boxer-
    Klub, Mittelgasse 26
    A-1060 Wien
Schweizerische Kynolo-
    gische Gesellschaft,
    Postfach 8217,
    CH-3001 Bern
Schweizerischer Boxer-
    Club, Geschäftsstelle:
    Pius Hollenstein,
    Alte Gillhofstraße 1,
    CH-8560 Märstetten
Deutscher Verband der
    Gebrauchshunde-
    sportvereine e.V.
    (DVG), Geschäfts-
    stelle, Gustav-
    Sybrecht-Straße 42,
    D-44536 Lünen

Fédération Cynologique
    Internationale (FCI),
    13, Place Albert I,
    B-6530 Thuin/Belgien

Haftpflichtversicherung
Fast alle Versicherungen
bieten inzwischen auch
Haftpflichtversicherungen
für Hunde an.

Krankenversicherung für den Hund
Uelzener Allgemeine
Versicherungsgesellschaft
AG, Postfach 2163,
29511 Uelzen

Registrierung von Hunden
Boxer aus Rassehunde-
Verbänden haben eine
Code-Nummer im Ohr
oder am linken Unter-
schenkel, die beim VDH
oder Boxer-Klub e. V.
registriert ist.
Haustier-Zentralregister
für die BRD e. V. TASSO,
Postfach 1423, D-65783
Hattersheim.
Wer seinen Hund vor
Tierfängern und dem
Tod im Versuchslabor
schützen will, kann ihn
hier registrieren lassen.
Die Eintragung sowie
die computergesteuerte
Suche bei Vermißten-
meldung sind kostenlos.

Zeitschriften, die weiter-helfen
Boxer-Blätter.
Herausgeber: Boxer-Klub
    e. V., Sitz München.
Unser Rassehund.
Herausgeber: Verband
    für das Deutsche Hun-
    dewesen e. V. (VDH),
    Dortmund.
Das Tier
Brunnenwiesenstraße 32,
    D-73760 Ostfildern

*Weil Boxer bisweilen
etwas verträumt und
abwesend wirken,
werden sie auch als
Philosophen unter
den Hunden be-
zeichnet.*

Bücher, die weiterhelfen

(Falls nicht im Buchhandel, dann in Bibliotheken erhältlich)

Unser Hund ein Boxer. Nur zu beziehen über Boxer-Klub e. V., Sitz München

Fleig, Dieter: *Die Technik der Hundezucht.* Kynos Verlag, Mürlenbach

Klever, Ulrich: *Hunde.* Gräfe und Unzer Verlag, München.

Mayer, Helmut: *Ernährung des Hundes.* Ulmer Verlag, Stuttgart.

Streitferdt, Uwe: *Mein kranker Hund.* Gräfe und Unzer Verlag, München.

Urlaub mit dem Hund in Deutschland

Anschriften von hundefreundlichen Hotels, Pensionen, Bauernhöfen, Campingplätzen; Hundestrände an Nord- und Ostsee, Tierwanderwege in Deutschland. Zu beziehen durch H. von Gimborn, Postfach 1320, D-46446 Emmerich.

Fragen zur Boxerhaltung beantworten:

Ihr Zoofachhändler oder der Zentralverband Zoologischer Fachbetriebe Deutschlands e. V., D-63225 Langen, Telefon 06103/910732 (nur telefonische Auskunft möglich)

Die Autorin

Johanna Thiel hält seit über zwei Jahrzehnten Boxer. Seit 1980 züchtet sie diese Hunde unter dem Zwingernamen »vom Breuleck«. Seit 1989 ist sie Zuchtwartin

im Boxer-Klub e. V., Gruppe Frankfurt/Main. Zusammen mit ihrem Ehemann, der in dieser Gruppe Ausbildungswart ist, kann sie eine lange Reihe von hervorragenden Zuchterfolgen mit Boxern aufweisen.

Die Fotografin

Christine Steimer arbeitet seit 1985 als freie Fotografin. Sie hat sich 1989 auf Tierfotografie spezia-

lisiert und ist seitdem für die Zeitschrift »Das Tier« tätig. Daneben macht sie Foto-Reportagen allgemeiner Art.

Die Fotos auf dem Buchumschlag

Umschlagvorderseite: Boxer mit weißer Zeichnung auf Stirn und Brust. Umschlagrückseite: Boxer-Welpe, der zum Zeichen des Vertrauers Pfote gibt.

Wichtige Hinweise

In diesem GU Ratgeber geht es um die Anschaffung und Haltung von Boxern. Autorin und Verlag halten es für wichtig, darauf hinzuweisen, daß sich die Haltungsregeln des Buches in erster Linie auf normal entwickelte Jungtiere aus guter Zucht beziehen, also auf gesunde, charakterlich einwandfreie Tiere.

Wer einen erwachsenen Hund zu sich nimmt, muß sich bewußt sein, daß dieser bereits wesentliche Prägungen durch den Menschen erfahren hat. Er sollte den Hund besonders genau beobachten, auch in seinem Verhalten zum Menschen; er sollte sich auch den bisherigen Besitzer ansehen. Ist der Hund aus einem Tierheim, so kann dieses über die Herkunft des Hundes und seine Eigenheiten eventuell Auskunft geben. Es gibt Hunde, die aufgrund schlechter Erfahrungen mit Menschen in ihrem Verhalten auffällig sind, vielleicht auch zum Beißen neigen. Diese Hunde sollten nur von erfahrenen Hundehaltern aufgenommen werden. Auch bei gut erzogenen und sorgfältig beaufsichtigten Hunden besteht die Möglichkeit, daß sie Schäden an fremdem Eigentum anrichten oder gar Unfälle verursachen. Ein ausreichender Versicherungsschutz liegt im Eigeninteresse; der Abschluß einer Hundehaftpflicht-Versicherung ist in jedem Fall dringend zu empfehlen.

Lassen Sie bei Ihrem Hund auch alle notwendigen Schutzimpfungen und Entwurmungen (→ Seite 48) ausführen, da sonst eine erhebliche gesundheitliche Gefährdung von Mensch und Tier möglich ist. Zeigen sich bei Ihrem Hund Krankheitsanzeichen, sollten Sie unbedingt einen Tierarzt zu Rate ziehen. Gehen Sie im Zweifelsfall selbst zum Arzt und weisen Sie ihn auf die Hundehaltung hin.

Dank

Autorin und Verlag bedanken sich bei Herrn Willibald Wendel, Landesgruppenzuchtwart der Landesgruppe Hessen im Boxer-Klub e. V., Sitz München, für die fachliche Beratung und bei Frau Brita Menz für die Hilfe beim Schreiben.

Lektorat: Peter Völk Zeichnungen: Renate Holzner Herstellung: Verena Römer Umschlaggestaltung: Heinz Kraxenberger Satz: Filmsatz Schröter, München Reproduktion: Penta Druck und Bindung: Stürtz, Würzburg

ISBN 3-7742-2564-8

Auflage 5. 4. 3. 2. 1.
Jahr 99 98 97 96 95

Das Spiel der beiden gestromten Boxer-Welpen mit ihrer Mutterhündin macht deutlich: Das beste für Welpen ist es, bei ihrer Mutter und zusammen mit ihren Wurfgeschwistern aufzuwachsen. Denn in den ersten Lebenswochen brauchen sie den täglichen Kontakt zueinander und die Nestwärme. Wenn Sie sich einen Boxer anschaffen, sollte er mindestens die ersten 2 Monate seines Lebens bei seiner Familie verbracht haben.